자유민주주의란 무엇인가?

# 자유민주주의란 무엇인가?

민경국 지음

# 차 례

# 1부

# 머리말

인류의 지성사가 발견한 가장 큰 가치는 민주주의와 자유주의라고 말해도 무방하다. 어느 것 하나 버릴 수 없는 매우 소중한 이념이다. 그런데 민주주의라는 말이 너무 다양한 뜻으로 사용되어 우리를 혼란스럽게 만들고 있다.

하이에크(F.A. Hayek)는 그의 유명한 『치명적 자만』에서 "만일 말이 옳지 않으면…… 국민은 손발을 둘 곳이 없어진다."라는 공자(孔子)의 말을 인용하여 어휘의 올바른 의미의 중요성을 강조한다. 말이 의미를 잃게 되면 우리는 손과 발을 움직일 여지가 없고 그래서 자유를 상실하게 된다는 뜻이다.

# 1장
# '민주'라는 말의 마술

분배, 복지와 같은 국가의 목적은 민주적이고 감세나 규제완화 등은 비민주적이라고 부른다. 복지확대는 민주적이고 복지축소는 비민주적이라고 말한다. 신자유주의를 비민주적 이념으로 분류한다. 친(親)노동정책은 민주적이고 친시장정책은 비민주적이라고 말한다. 주주가치를 높이는 경영은 비민주적이고 종업원, 지역주민 등 이해관계자들을 위한 경영은 민주적이라고 말한다. 국가보안법은 반(反)민주법라고 비판한다.

그런데 흥미롭게도 비민주적인 것은 모두 나쁘고 혐오스럽고 민주적인 것은 무엇이든 좋다고 믿는다. 싫어하는 것을 비민주적이라고 말하면 사람들은 박수를 친다. 이와 같이 오늘날 '민주'라는 개념이 요술 같은 말이 되었다. 민주를 비판적으로 대하는 사람은 시대의 낙오자요 반동자로 낙인찍힌다.

민주주의는 좋은 것이기에 어떤 가치든 이를 민주와 조합하여 사용하는 게 버릇이 되었다. 그래서 생겨난 게 진보민주주의, 사회민주주의, 경제민주주의, 숙의민주주의, 복지민주주의, 자유민주주의 등이다. 진보가 민주이고, 보편적 복지 평등분배를 민주와 동일시하고 있다.

그러면서도 오늘날 우리는 민주주의에 대한 믿음이 급격히 상실되어 가는 시대에 살고 있다. 민주적으로 선출된 정치가들이 말하는 것을 진지하게 받아들이는 시민들은 그리 많지 않다. 그들이 어제 말한 게 오늘 다르기 때문이다. 정치란 때가 묻은 거래라고 한다. 정치는 솔직하지 못하고 끊임없는 스캔들로 부패되었다고 한탄한다. 정치란 이익집단의 떼쓰기, 집행 관료들의 '관피아적' 이해관계, 표와 맞바꾼 정치권의 인기 영합적 선심에서 나온 것이라고 말한다. 법이라고 볼 수도 없는 천박한 입법, 편들기, 편 가르기, 규제와 보조금 정책이 난무하는 것도 그런 정치의 산물이라고 한다.

민주주의가 남긴 것은 정부지출과 부채, 조세부담 증가 그리고 경제활동을 가로막는 첩첩이 쌓인 규제이다. 그 결과 공공부문의 확대와 사적영역의 축소를 초래했다. 자유가 급격히 줄어들었다는 뜻이다.

# 2장
# 문제의 제기

소중한 가치로 여겼던 민주주의가 흥미롭게도 자유주의와 갈등하고 있다. 1987년 제9차 개헌 이후부터만 본다고 해도 우리 역사는 그런 갈등의 역사였다. 우리 역사만이 아니다. 세계사적으로 볼 때에도 20세기 대부분은 민주주의와 자유주의 사이에서 벌어진 갈등의 역사라고 보아도 무방하다.

미국, 독일, 일본 등 세계의 주요경제가 침체에 빠져 있다. 한국 경제도 이미 2000년대부터 저성장의 함정에 빠져있다. 실업도 줄어들 줄 모른다. 청년실업은 더욱 심각하다. 빈곤층의 문제도 심각하다. 중산층이 붕괴되었다는 소식도 들린다. 이 같은 저성장의 문제도 엄밀히 따지면 자유와 갈등하는 민주주의 때문이라는 걸 직시할 필요가 있다.

그래서 우리가 주목할 것은 두 가지 문제이다. 첫째로 민주주의가 왜 자유주의와 갈등하는가의 문제이다. 두 번째로 자유주의와 조화로운 민주주의는 무엇인가의 문제이다.

이 두 가지 문제를 해결하기 위해서 우선 2부에서는 민주주의의 이상을 설명할 것이다. 정치사나 지성사에서 그런 이상을 왜곡하여 민주주의를 진보, 분배평등, 소외의 해소, 복지 등으로 이해하는 오류를 범했다. 그런 왜곡된 이념을 3부에서 설명할 것이다. 4부에서는 자유민주주의의 개념을 잘못 이해하고 민주주의를 왜곡하는 잘못된 주장을 분석할 것이다.

그 같은 왜곡의 결과 민주주의는 진정한 다수의 의견보다는 다수를 형성하는 개별 이익집단과 정치권의 이익추구를 위한 제도로 타락했다. 다수의 결정이라면 내용이 무엇이든 법이 될 수 있다고 하는 무제한 의회, 모든 필요를 충족시킬 수 있고 또 그래야 하는 것으로 여기는 무한정한 정부권력이 자유사회의 본질인 법치주의를 망가뜨리고 있다는 게 5부의 핵심인식이다. 다시 말하면 그런 타락한 민주주의는 자유와 갈등한다는 것이다.

그리고 6부에서는 그런 갈등을 해소하고 자유를 지키는, 그래서 자유주의와 조화로운 민주주의 개념은 자유사회의 근간인 법치주의에 적합한 법만을 만들어야 한다는 입법권의 헌법적 제한 문제를 다룰 것이다.

마지막 7부에서는 민주주의가 왜곡되고 타락되어 자유주의와 갈등을 일으키는 궁극적 원인은 민주주의를 최고의 목적으로 여기는 좌파의 인식 때문이라는 것, 갈등을 막기 위해서는 자유의 헌법을 통해서 민주주의 과잉을 막아야 한다는 점을 요약하여 강조할 것이다.

그리고 대한민국 헌법은 민주주의의 과잉을 초래하는 헌법이기에 자유와 충돌한다는 점을 밝히면서 자유의 헌법으로 개헌이 필요함을 강조할 것이다.

# 2부

# 민주주의의 이상

민주주의의 진의(眞意)는 무엇인가? 이는 두 가지로 파악할 수 있다. 하나는 다수의 지배를 뜻한다. 이는 정부형태를 지칭하는 말이다. 다른 하나는 민주정치를 일종의 정치적 학습과정으로 이해하는 것이다. 이것은 첫 번째의 의미에서 도출된 의미이다. 이 두 가지를 설명하면서 민주주의는 그 자체 목적이 아니라 수단이라는 것을 보여줄 것이다.

# 1장
# 다수의 지배

국가행위가 필요할 때에는 강압적인 규칙을 제정해야 하는데 그 결정은 다수에 의해 이루어져야 한다는 게 민주주의이다. 그 기원을 보면 그 의미가 더욱 확실해진다.

데모크라시(democracy)는 고대 그리스 도시국가 폴리스에서 그 개념이 유래했는데, 고대 그리스어의 데모스(Demos, 시민)와 크라토스(Kratos, 권력, 동사인 크라타인(Kratein)의 합성어)의 합성어로서 데모크라토스(democratos)가 어원이다.

흥미롭게도 군주제(monarcy), 과두제(oligarchy), 무정부(anarchy)의 접미사인 아르케인(archein)은 '규칙에 의한 통치'라는 뜻인데 크라타인(Kratein)은 '야만적 힘'을 강조한다는 게 하이에크의 해석이다.

그런데 왜 국민의 지배를 뜻하는 아르케인의 합성어인 디마키 (demarchy)를 사용하지 않고 데모크라시(democracy)를 사용하게 되었는가? 고대 그리스에서 디마키라는 말은 어느 한 지방의 수장의 사무실을 지칭하는 말로 사용했기 때문에 아키(archy) 대신에 크라시 (cracy)를 사용하게 되었다는 것이다.

민주주의라는 말이 잘못 번역되었다는 최광 교수의 지적이 있은 이래 적합한 말을 찾으려는 노력이 있었다. 별로 큰 성과는 없었지만 아마도 '민주정치'가 가장 적합한 해석인 것 같다. 이 글에서는 민주주의, 민주정치를 혼용할 것이다.

흥미롭게도 하이에크는 시민의 힘의 지배를 강조하는 데모크라시 대신에 제한된 민주주의라는 의미를 가진 디마키를 사용할 것을 제안하고 있다.

그러나 오늘날에도 민주정치는 전통적으로 다수결에 의해서 지배자를, 또는 집행할 정책이나 법을 결정하거나 바꾸는 절차나 방법을 기술한다. 그런 절차를 현대에서 가장 잘 표현한 인물이 주지하다시피 미국의 정치학자, 로버트 달이다.

로버트 달은 자신의 1998년 저서 『민주주의에 관하여』에서 다음과 같은 5가지를 들고 있다. 효과적인 참여, 투표 기회의 평등, 선택 대안들에 관한 계몽된 이해, 어려운 의제는 전문가에게 맡기는 등의

의제 통제. 보통선거라는 의미의 참여 포용성 등이다.

이런 의사결정 절차에서 다수의 지지를 받은 법은 그 내용이 무엇이든 법으로 인정하는 게 정통 민주주의 사상이다. 또는 다수의 지지를 받은 사람이 정통성을 갖고 입법부를 구성하거나 통치를 담당해야 한다는 것이다.

그래서 슘페터는 민주적 방법은 개개인들이 국민의 지지를 받기 위한 경쟁을 통해 의사결정 권한을 획득하는 제도적 질서라고 말한다. 슘페터의 인식도 그런 절차를 표현한 것이다.

하이에크가 자신의 저서 『자유의 헌법』에서 보여주듯이 그런 절차는 피를 흘리지 않고 평화적으로 통치자를 교체할 수 있는 장점이 있다. 미제스도 자신의 저서 『인간행동』에서 이렇게 말하고 있다.

"국내의 평화를 위해서 자유주의는 민주적 통치를 목표로 한다. 민주는 혁명제도가 아니다. 혁명과 내전을 막는 수단이다. 그것은 다수의 의지에 따른 통치의 평화적 조정을 위한 방법을 제공한다."

머리 터지게 싸우기보다는 머릿수를 계산하여 힘겨루기를 하는 게 민주주의이다. 민주정치 원리는 경쟁상대자들보다 더 많은 지지를 받은 사람들 또는 팀들의 손에 통치가 맡겨져야 한다는 것을 의미한다.

그러나 주목해야 할 점은 가장 현명한 쪽이 이기는 게 아니라는 점이다. 가장 현명하고 개명한 자의 손에 권력을 주는 게 민주주의가 아니라는 뜻이다. 승자는 일정기간 동안 가장 많은 지지자를 확보함으로써 보다 우월한 힘을 보여줄 뿐, 그 이상의 어떤 의미도 없다.

따라서 소수가 다수에 승복하는 이유는 그들이 현명하거나 전적으로 옳기 때문이 아니라 자신들이 소수이기 때문이다. 그래서 다수가 겸손해야 할 필요가 있다. 승복은 잠정적일 뿐이다. 소수가 다수가 될 가능성이 있기 때문이다.

포퍼도 폭력 없이 바꿀 수 있는 통치형태가 민주주의이고 그 반대는 독재라고 말한다. 그래서 민주주의 이론은 민주주의를 "지지표를 둘러싼 자유로운 경쟁"이라고 본다.

따라서 이런 경쟁민주주의에서 중요한 것은 다수의 생각을 말하는 여론이 어떻게 형성되는가의 문제이다. 민주정치를 여론의 형성 과정으로 이해할 필요가 있다.

# 2장
# 학습과 여론 형성 과정

정치과정에 참여하는 사람들에게 필요한 것은 선호이다. 이는 평가적 요소와 인지적 요소로 구성되어 있다. 전자는 원하는 게 무엇인가, 즉 이해관계와 관련된 요소이다. 후자는 무슨 생각을 하는가, 즉 행동의 효과에 관한 이론과 관련되어 있다. 선호란 그래서 목적과 인지를 의미한다. 시민들은 각자 가지고 있는 그런 정치적 선호를 통해서 후보자, 정당, 법, 규제를 평가한다.

그런데 시민들은 정치적 과정에 앞서 자신의 이해관계를 잘 알지 못한다. 그리고 그런 관심을 충족시킬 수단에 관한 지식, 세상에 관한 지식도 없다. 이들은 형성되고 발견되어야 할 것들이다. 따라서 정치과정을 '배우고 가르치는 행사' '상호간의 학습과정'이라고 볼 수 있다.

정치적 과정에 참여하는 유권자들은 정치적 과정에서 생성·유포되는 수단에 관한 지식들을 수용하여 각자 정치적 선호를 형성한다. 이런 형성과정에서 중요한 게 정치적 경쟁이다.

상대방들의 정책 프로그램을 비판하는 과정에서 정치가들의 인식수준이 증가하고, 이에 따라 그들 자신의 구체적인 정치적 공급을 작성한다. 유권자들은 정치적인 논쟁과정에서 공급되어지는 지식들을 재해석하고, 이들을 기초로 하여 정치적 선호를 형성한다. 이 선호가 비로소 정치적 경쟁에 의해 구체화된 정치적 공급들을 판단하기 위한 기준이 된다.

정책대결이라는 의미에 있어서의 정치적 경쟁과정은 정치적 의견의 형성에 기여할 뿐만 아니라 또한 정치적 언어의 형성에도 기여한다. 언어가 없이는 정치적 논쟁이 이루어질 수 없을 뿐만 아니라 의견을 표현할 수 없다.

따라서 언어는 정치적 경쟁의 결과이요 동시에 정치적 경쟁의 전제조건이다. 비민주국가, 정치적 경쟁이 없는 국가에서 정치적 언어가 대단히 부족한 것은 우연이 아니다.

그런 현상은 시장 없는 사회주의와 비교할 때 두드러지게 나타난다. 시장의 기초가 되고 있는 경쟁은 바로 언어를 형성한다. 사회주의 사회에서 주민들이 사용하고 있는 어휘 수는 자본주의에서 주민들이 사용하고 있는 어휘 수와 비교할 수 없을 정도로 적다.

그런 과정의 특징은 정보의 소통과정이다. 정치가들이 공급하는 지식, 시민들이 서로 주고받는 지식을 통해서 시민들 각자의 이해관계 그리고 정치적 행동의 효과에 관한 이론이 형성되고 변동되는 과정 속에서 여론도 형성되고 변동한다.

여기에서 제기되는 게 흔히 말하는 '합리적 무지'이다. 투표에서 얻는 이득은 선택을 제대로 잘하기 위해 필요한 정보를 습득하는 데 따르는 비용에 비하여 매우 적기 때문에 시민들은 의견형성에 소극적이라는 것이다.

그러나 이는 잘못된 생각이다. 많은 시민들은 정치적 세계가 어떻게 작동하는지, 이를 개선하기 위해서는 어떻게 해야 할 것인지에 관한 이론적인 아이디어를 즐기고 있다. 투표해서 생기는 직접적인 편익 때문이 아니다. 건전한 의견을 가짐으로써 얻게 되는 자긍심과 명성 때문이다.

의견을 갖지 못하면 개체성도 없고 정체성이나 자아가 없는 것과 같다. 동요, 무관심, 취약한 의견은 조소의 대상이다. 의견이 확고하고 분명한 경우 이는 칭찬과 인정을 받기에 적합하다.

옳은 선택을 통해서 얻는 투표가치는 정치적 의견형성을 위한 이론적 요소를 습득하는데 중요한 역할을 하지 않는다. 정책이슈를 배우면서 옳고 확고한 의견을 가지고 있을 경우에 얻는 것은 미국의 유명한 정치심리학자 티머 쿠란(T. Kuran)이 주장하듯이 좋은 평판, 자긍심이다.

시민들은 일상적인 소비영역에서보다 정치적 맥락에서 사회에 더 크게 좌우된다. 그렇기 때문에 정치적 견해는 상당한 정도로 공론에 의해 형성되는 믿음에 의존한다. 공론은 널리 소통되는 이론, 논거, 사실, 미신 등으로 구성되어 있다. 이런 전제에서 민주주의는 의견 형성과정의 의미가 확립된다.

# 3장
# 정치적 여론의 형성 조건

배우고 가르치는 과정으로 정치적 과정을 이해할 경우 흥미로운 것은, 민주주의는 다수의 선호를 포괄적이고 영구적으로 실현하는 과정이 아니라는 것이다. 그것은 다수의 관점과 견해를 변동시킬 수 있는 소수의 기회에 관한 것이다. 애초부터 다수의 견해가 있는 게 아니다. 진화적인 관점에서 볼 때 모든 견해는 한 사람에게서 나와 그것이 점차 확산되어 다수의 견해가 된다.

하이에크가 주장하듯이 모든 사람들의 노력은 다수의 견해에 의해 조종되어야 한다거나, 사회는 다수의 기준에 충실한 게 더 좋다는 생각은 문명이 성장해온 원리와 맞지 않는다. 문명은 항상 다수가 정한 것과는 다른 방식으로 행동하는 소수로부터 생겨난 것이다.

그래서 중요한 것이 소수의 견해가 정치적 과정에 진입할 기회이다. 이는 보편적인 표현의 자유 그 이상의 의미가 있다. 타인들의 자유를 침해하지 않는 한 그룹들이 상이한 목표와 취향을 추구할 수 있는 광범위한 사적 영역과 행동의 자유가 필요하다는 의미가 내포되어 있다.

민주주의는 언론·출판·결사의 자유와 불가분의 관계에 있다. 여론 형성과정의 개방성이 중요한 제도적 환경이다. 그래서 새롭고 반대되는 견해들이 자유로이 진입할 수 있다. 경쟁적인 정치가들이 새로운 이슈를 창출하고 대안을 제시하고 상대방의 의견을 비판할 수 있다.

정치적 경쟁과정에서 정치가들은 자신의 정책 프로그램의 장점을 강조하면서, 경쟁자들의 정책 프로그램의 단점을 지적한다. 이런 과정에서 여러 가지 정책들의 부정적 또는 긍정적인 효과에 관한 지식들이 공급된다. 또한 이러한 논쟁과정에서 지식들이 동원된다.

그 결과 시민들은 다양하고 흔히 갈등하는 견해들을 접할 수 있고 공급되는 지식을 통해서 자신들의 구체적인 정치적 선호를 형성한다. 그들은 그런 선호에 가장 가까운 정치적 재화를 공급하는 정치가들에게 지지표를 준다.

그런 게 바로 표결과정이다. 정치가들은 이 정치적 수요에 해당하는 정치적 재화를 공급하는 경우에만 정치적으로 성공할 수 있다. 공급되어진 그리고 마침내 실시된 정책이 시민들의 결핍을 제거시키지 못하거나 또는 그들의 후생을 증진시키지 못할 경우에는 그 정치가들은 정치적으로 실패한다.

그런 실패는 정치적 과정에 영향을 미쳐 새로운 이슈와 견해를 개발하는 계기가 된다. 민주정치의 역동성은 그런 피드백 때문이다.

# 4장
# 민주주의는 목적이 아닌 수단

국가행동이 필요한 경우에는 그 결정이 다수에 의해 이루어져야 한다는 원칙이 민주정치의 진정한 뜻이다. 다수의 찬성에 의해 정부를 구성해야 한다는 믿음이다.

이런 의사결정 방법이 중요한 이유는 첫째로 정치적 문제에 대한 시민들의 이해도를 높인다는 것이다. 이런 의미에서 민주주의는 서로 가르치고 배우는 대중교육을 위한 효과적인 수단이다. 시민들이 적극적으로 의견의 형성에 참여한다는 조건이 필요하다.

둘째로 민주주의가 개인의 자유의 효과적인 보장 장치라는 점이다. 그러나 이는 나중에 설명하겠지만 현대 민주주의로부터 기대하기 어렵다. 폭정, 정치적 자의성, 억압을 막을 안전한 장치가 아니라는 게 드러나고 있다. 그럼에도 소수의 권위주의적인 방법보다는 민주적 다수결을 통해서 보편적인 법, 자유의 법을 생산하는 경우 광범위한 의견을 반영할 확률이 큰 것이 확실하다.

셋째로 민주적 방법은 평화적인 정권교체를 위한 방법으로서 지금까지 발견된 유일한 것이다. 다수에 의해 나쁜 정부를 평화적인 방식으로 바꾸어야 한다는 원칙은 매우 중요하다. 이 같은 장점 때문에 민주주의는 고귀한 가치가 있다. 그렇다고 그 자체 목적은 아니다. 다른 가치의 실현을 위한 수단이다. 그러나 원래의 개념이 다수에 의한 의사결정 절차를 뜻함에도 역사적 발전과정에서 또 다른 의미를 추가했다.

확대된 개념의 예를 들면 분배평등·복지 등과 같이 정부가 달성해야 할 경제적 목표를 추가하여 사용되는 민주주의로 사회민주주의, 복지민주주의 등이다. 또는 정부형태 이외의 부분에 확대 적용되어 사용하는 민주주의의 예를 들면 경제민주주의 등이 있다.

이와 같이 민주주의 개념을 정부가 달성하고자 하는 목표만큼 확대하거나 또는 정부 이외로의 확대에 적용할 경우 이는 민주주의의 이상과 양립할 수 없다. 양립할 수 없는 민주주의는 왜곡된 민주주의이고 이는 개인의 자유와 번영을 가로막는 이념이라는 것을 직시할 필요가 있다.

# 3부

# 왜곡된 민주주의

우리가 주목할 것은 두 가지 문제다. 첫째로 민주주의가 어떻게 왜곡되고 있는가, 그리고 둘째로 왜곡된 민주주의는 개인의 자유를 최고의 가치로 여기는 자유주의 시장경제와 어떤 관계가 있는가의 문제다.

현대사회에서 정치적으로 영향이 가장 큰 왜곡된 민주주의는 네 가지로 나누어 볼 수 있다. 중앙집권적 계획경제를 지향하는 진보 민주주의, 분배평등 또는 복지국가 실현을 목적으로 하는 사회민주주의, 경제에도 집단적 의사결정을 확대 적용해야 한다는 경제민주주의, 모든 문제를 집단적 심의를 통해서 해결해야 한다는 심의민주주의.

그런 민주주의 유형은 원래 정부구성, 정부조직, 정부형태를 말하는 민주주의를 평등, 분배, 복지 등 달성하고자 하는 정치적 목표와 동일시한다. 분배·복지정책은 민주적이고, 조세삭감, 복지축소 등은 비민주적이라는 주장은 그래서 생겨난 말이다. 노사정위원회처럼 이해관계로 점철된 자본주의와 같이 정치적인 의사결정 방법을 경제와 사회에도 확대 적용한 경제민주화 또는 사회의 민주화 등도 민주주의를 왜곡한 것이다.

# 1장
# 민주주의의 왜곡

어떻게 해서 민주주의가 왜곡되었는가? '민주적', 또는 민주주의라는 용어가 칭찬의 언사로 무분별하게 이용되었기 때문이다. 이런 이용에는 민주주의를 신장하고 확대한다면 시민들에게 항상 이익을 가져다 준다는 전제가 깔려 있다.

그래서 생겨난 말이 '더 많은 민주주의'이다. 민주주의는 입법·행정적 결정을 위한 수단임에도 그 자체 목적이 된 것이다.

'더 많은 민주주의'는 두 가지 차원에서 해석할 수 있다. 하나는 투표권을 가진 사람의 범위이다. 그리고 민주적 절차에 따라 결정되는 사안들의 범위가 또 다른 차원이다. 중요한 것은 어느 차원에서건 모든 가능한 확대가 보편적 이익을 가져다 준다거나, 집단적 의사결정원리를 무한적으로 확대해야 한다고 주장할 근거는 없다.

'더 많은 민주주의'는 될 수 있는 대로 광범위하게, 납세자든 아니든, 재외국민이든, 자국민이면 모든 성인 남녀에게 선거권을 인정할 것을 요구한다. 이런 요구가 보통선거 제도로 구현되었다.

그러나 하이에크가 지적하듯이 그런 투표권의 보편화가 당연한 것인지를 생각해 볼 필요가 있다. 성인의 보통 선거권을 말하면서도 투표권은 대체로 편의를 고려하여 결정하는 게 일반적이다. 일정 연령 미만의 청소년, 범죄자, 국내에 체류하고 있는 외국인도 선거권이 없다. 재외국민에게는 선거권을 부여하지 않는 게 일반적이다. 그런 자들을 배제하는 것이 잘못된 일이라고 보지 않는다. 모두가 편의 때문에 배제된 것이다. 비례대표제도가 더 민주적인지도 확실하지 않다.

과거에는 납세자에게만 선거권을 부여했다. 그렇다고 납세자에게만 경제자유를 부여한 것은 아니었다. 가장 성공적인 민주주의라고 칭송받았던 스위스에서도 1971년에 이르러서야 비로소 여성에게 투표권을 부여했다. 그 이전에는 투표권이 없었다. 그렇다고 해서 여성을 차별하는 법이 만들어지거나 경제활동의 자유를 제한하지는 않았다.

민주주의 이상은 공무원이나 사회보장 수혜자들을 투표권에서 배제할 때 잘 지켜질 수 있다고 주장하는 것도 가능하다.

그러나 보다 중요한 차원은 두 번째인데, 이는 될 수 있는 대로 많은 이슈들을 다수의 집단적 의사결정에 맡겨야 한다는 내용이다. 그 확대는 민간부문의 영역의 축소이다. 다수의 지지만 받으면 사적 영역 어디든, 언제든 정부가 개입할 수 있다.

'더 많은 민주주의'는 공적 영역의 확대와 개인의 자유의 감소를 초래한다. 민주주의의 확대는 큰 정부와 작은 시장을 부른다. 이는 개인들이 자유롭게 활동할 수 있는 자유 영역 또는 사적 영역이 줄어든다는 것을 말한다.

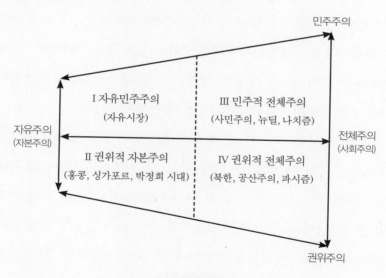

**이념좌표도**

〈이념좌표도〉가 보여주는 것처럼 왼쪽 자유주의 좌표에서 민주주의 좌표로 이동할수록 민주주의는 더 많아지고 그 대신에 자유는 줄어들어 극단적인 경우 전체주의에 빠진다. 영역의 확대는 미국 루스벨트 행정부의 뉴딜정책, 존슨 대통령의 '위대한 사회', 무상복지, 보편적 복지 등을 부른다. 민주주의의 확대는 좋은 것이라고 여기기 때문에 확대한 결과가 사회·복지민주주의, 경제민주주의처럼 민주 앞에 수식어를 붙인 민주주의 개념이다. 민주주의를 복지, 분배평등, 대기업 규제와 동일시하는 풍조가 생겨났다.

'민주적'이라는 말에 이미 평등, 복지, 참여, 심의 등과 같은 목표가 들어있는 것처럼 사용한다. 대기업을 규제하고 중소기업을 보호하는 입법정책을 경제민주화라고 표현하는 것도 같은 맥락이다. '신자유주의'를 의미하는 감세정책, 규제완화 등 친시장정책이 비민주적이라는 좌파의 비판은 그런 맥락에서만 이해할 수 있다.

집단적 의사결정이 필요할 때 민주적 방법이 옳다는 주장은 강력한 타당성이 있기는 하지만, 그렇다고 그런 방법을 무제한으로 확대하는 것은 매우 위험하다. 그런 민주주의는 정부지출과 부채의 증가, 조세부담의 증가 그리고 노동시장, 기업규제 등으로 기업과 개인의 자유로운 경제활동을 제약한다. 그 결과는 빈곤의 확대, 실업 증가, 저성장의 고질적인 문제를 야기한다.

# 2장
# 진보민주주의

주지하다시피, 진보적 민주주의는 통합진보당의 노선이다. 이 노선을 추구하는 사람들은 한국 사회에서 신자유주의를 극복할 수 있는 힘, 능력, 의지를 갖춘 민주주의를 찾는 게 중요한 문제라고 여긴다.

민주주의는 하나가 아니며, 다양한 계급적 성격과 권력구조를 갖고 있다는 게 그런 좌파집단의 인식이다. 다양한 민주주의 형태 중에서 어떤 권력구조와 계급적 성격을 띤 민주주의가 신자유주의를 극복할 수 있는가를 찾아내야 하는데 그게 진보민주주의라는 것이다. 그 이념의 특징은 무엇인가. 그것이 진정으로 자유와 번영을 가져오는 민주주의 이념인가?

## 중앙집권적 계획경제

한국 사회가 1987년 이후 자유민주주의를 근간으로 하고 있다고 보는 진보민주주의의 현실진단이 흥미롭다. 자유민주주의는 부익부 빈익빈, 실업, 도시 중소영세 상공인들과 자영업자들의 몰락과 도산, 농업과 농촌의 황폐화 등을 초래했다는 것이다. 독점자본과 국내 재벌의 민중수탈, 사회적 불평등과 생태 파괴 등 온갖 나쁜 것을 자본주의 탓으로 돌린다.

계급 투쟁적 시각에서 현실을 진단하는 게 진보적 민주주의의 특징이다. 자본주의 사회에서는 일하는 사람들은 소외와 착취를 당하면서 사는 데 반하여 소수의 특권세력들이 주인 행세를 하고 있다는 것이다.

한국 경제는 1998년 이후 신자유주의 체제가 완성되면서, 경제의 대외의존성이 심화되고, 경제의 선순환구조가 파괴되었고, 양극화가 더욱 심화되었다는 것이다. 저투자, 저성장, 고용 없는 성장구조가 고착되었다고도 한다. 그래서 한국 경제의 미래가 암담하다고 우려한다.

좌파의 그런 현실 인식이 타당한가? 그러나 여기에서는 그 문제를 일일이 분석할 수 없다. 분명한 것은 그런 인식이 전적으로 틀렸다는 점이다. 한국 경제가 어려운 이유는 노동시장 규제, 기업 규제, 의료서비스산업 규제 등 겹겹이 쌓인 정부의 규제 때문이라는 점을 직시해야 한다.

어쨌든 좌파는 자본주의, 자유민주주의를 수정하는 것만으로는 우리 사회의 모순을 해결할 수 없고 자유민주주의를 극복해야 그 해결이 가능하다고 믿고 있다. 진보민주주의야말로 자유민주주의의 대안이고 한국사회의 번영의 길이라고 목소리를 높인다.

자유민주연구학회가 통합진보당의 강령, 활동 등을 검토한 후 2013년 12월에 발표한 자료집 『통합진보당의 위헌성 검토』에 따르면 진보민주주의는 국유화와 공유화를 우선시하고 사적 소유는 최소화하고 엄격히 규제하는 사회주의 노선이다.

금융, 통신, 교통, 에너지, 공공서비스 등의 국유화, 대학·병원·보육·요양·주택 등의 국유화를 주장한다. 국유화가 어려우면 협동조합·노동자 자주관리제도·사회적 기업 등 공유화를 추구한다. 노동자 자주관리제도는 공산권이 몰락하기 전에 유고슬라비아에서 실시되었던 체제이다.

경제의 자주성 없이 정치의 자주성도 없다고 주장한다. 국제무역과 투자 관련 종속적 협정을 개정하며 관세, 무역, 환율, 금리, 자본자유화 등에서 초국적 독점자본의 무제한의 이윤실현을 통제하고 국제통화기금, 세계은행 등의 간섭을 배제하여 자주적 경제정책을 실시하자는 게 진보민주주의 인식이다.

진보민주주의는 재벌의 재산권을 박탈하고 재벌기업과 대기업을 해체한다. 사적 자치와 시장을 최소화한다. 사적 소유권은 유명무실하다. 그 대신에 주요 산업과 대부분의 생산 수단과 의료, 주택, 연금, 교육 등 서비스에 국유화 공유제를 지향한다.

따라서 진보민주주의에서는 기업경영과 국가의 경제정책을 '민중'이 집단적으로 결정할 수밖에 없다. 그래서 이런 체제는 사회주의 체제일 수밖에 없다. 참여자는 통합진보당의 강령이 말해주고 있듯이 (일하는 사람이 주인이 되는 사회이기 때문에) 노동자, 농민이 정치권력과 경제 권력을 장악한다.

노동자를 중심으로 하는 '민중 주권사상'을 의미한다. 자본가, 기업가를 추출하고 오로지 노동자만 존재하는 경제체제이기 때문이다. 진보민주주의는 프롤레타리아 독재를 기반으로 하는 사회주의이다.

# 개인의 존엄성을 부정하는 진보민주주의

그 같은 사회주의 계획경제는 군대식 병영화를 가져와서 개인의 자유를 말살한다는 것을 직시할 필요가 있다. 개인이 선택할 가능성을 전면 부정한다. 문명의 발전은 "미리 알 수 없는 자유로운 성장의 여지"가 있어야 가능함에도 자유의 말살은 장래의 발전은 고사하고 지금까지 이룩한 문명까지 파괴한다.

　문명의 발전은 개인들의 행동을 명령과 지시 같은 고정된 규칙들로 제약하던 영역이 점점 더 개인이 원하는 대로 행동할 수 있는 영역의 범위를 정해주는 보편적 행동규칙으로 바뀌어 온 과정이다. 따라서 사회주의 체제는 오늘날 거대한 사회를 가능하게 한 그런 행동규칙을 폐쇄된 도덕규칙으로 전환시켜 원시사회로 되돌려 문명을 퇴보시킨다.

　거대한 사회의 현대적인 문명은 의식적인 계획의 산물이 아니다. 현대의 다양하고 복잡하고도 유연한 산업과 문명을 가능하게 한 것은 자생적으로 형성된 경쟁과 가격 시스템이었고 이것이 인류를 번영과 문명의 길로 이끌었다는 걸 직시해야 한다. 계획경제는 자유로운 선택을 허용하지 않는다. 이런 체제는 개인의 존엄성을 존중하지 않는다. 인간을 목적 자체가 아니라 계획하는 사회주의 간부들의 수단으로 여기는 게 진보민주주의이다.

진보민주주의대로 사회가 조직되면 자유주의의 기초가 되는 인본주의가 배척된다. 집단주의적으로 사회가 조직화되면 정치권력만이 무한히 강화되고 집중될 뿐이다. 그런 집단주의 사회에서는 진리를 존중하지 않고 자유와 책임을 무가치하게 만들고 목적을 위해 수단을 가리지 않는 등 인류사회의 고귀한 도덕이 파괴된다.


## 계획경제 실패는 인센티브 때문인가?

옛 동구권이나 소련의 사회주의 계획경제가 망한 지 20여 년이 지난 현재까지도 그런 체제가 자본주의보다 효율적이고 정의롭다는 믿음이 사라지지 않았다는 것은 서글픈 일이 아닐 수 없다.

옛 동구권이나 소련의 계획경제가 실패했다는 사실은 중앙집권적 계획경제를 기반으로 하는 진보민주주의도 실패할 운명에 처해있다는 것을 말해준다. 따라서 중요한 것은 실패한 이유이다. 그 이유는 두 가지이다. 하나는 인센티브 문제이고 다른 하나는 지식의 문제이다.

일각에서는 이유를 사회주의 계획담당자인 정치가나 관료, 기업

매니저, 노동자들의 인센티브 구조에서 찾고 있다. 관료와 정치가의 행동은 공익에 봉사하는 게 아니라 모두 시장에서와 같이 이기적이라는 것이다.

관료 시스템의 인센티브 구조가 혁신 전략을 싫어하도록 만들어져 있다는 점을 강조한다. 성공하면 어떤 편익도 없고 실패하면 처벌받기 때문이라고 한다. 실패한 투자는 감추려 들고 기업경영자들은 상품의 질보다는 양에 치중한다는 점도 지적되고 있다. 노동자들도 열심히 일하고자 하는 의욕이 없다는 것이다.

이 같은 악질적인 인센티브 구조가 부른 것이 경제의 파국이라는 게 인센티브 이론가의 인식이다. 일상생활에 필요한 재화나 서비스의 공급까지도 소비자 선호와 맞지 않기 때문에 사회주의 생산은 만성적인 비효율성이 내재되어 있다는 것이다.

그러나 사람들은 이런 초보적인 진실을 외면하고 사회주의 계획경제의 생산성과 성과를 과대평가했다. 자본주의를 능가한다고도 했다. 진보적 민주주의도 그런 믿음에서 나온 것이다.

『세속의 철학자』로 잘 알려진 사회주의 경제학자 하일브로너(R. Heilbroner)는 인간 이성의 발전으로 번영을 기약하는 계획경제가 가능하다고 믿었다. 그러나 동유럽 사회주의의 붕괴를 보고 그는 자기 저서에서 그런 믿음이 틀렸다는 것을 고백하면서 그의 잘못을 사과

했다.

심지어 노벨경제학상 수상자였던 폴 새뮤얼슨도 동구권의 사회주의가 망하기 3개월 전까지 소련과 같은 명령경제도 마찰 없이 번영한다고 주장했다. 그뿐만이 아니다. 노벨경제학상 수상자 케네스 애로(K. Arrow)와 『제로 섬 사회』의 저자로 잘 알려진 레스터 서로(L. Thurow) 등 유명한 경제학자들, 심지어 인류 중에서 지능지수가 가장 높은 천재 아인슈타인까지도 사회주의 계획경제는 성공할 수 있다고 믿었다.

독일이 통일되고 소련 경제가 망하고 나서야 계획경제의 실패를 다소 인정하고 있는 듯하다. 노동자의 생산성이 낮은 이유는 일할 인센티브의 부족, 낡은 공장, 에너지와 노력의 낭비성 때문이라고 이해되고 있다.

사회주의 계획경제의 실패를 몰고 왔던 게 잘하는 경제주체에게는 보상하고 잘못된 투자나 경영은 처벌하는 보상 처벌 메커니즘이 없기 때문이라는 것이 인센티브론의 핵심이다. 시장경제가 번영을 가져다 주는 이유는 바로 그런 인센티브 구조의 존재 때문이라는 것이다.

소련이나 동구권의 사회주의 계획경제가 망한 역사적 사실에도 불구하고 진보적 민주주의자들이 그런 초보적인 진실조차 알지 못하고 있는 것은 정말로 안타까운 일이다.


## 구성주의적 합리주의의 치명적 오류

그러나 시장경제를 단순히 인센티브 구조로만 이해하는 것은 잘못이듯이 사회주의 계획경제를 그런 구조의 왜곡으로만 보는 것은 잘못이다. 인센티브에 기초한 인식은 단순한 배분이론에 지나지 않는다.

사회주의 중앙계획이 실패한 원인은 그보다 더 근원적이다. 이는 인센티브 구조에 대한 인위적인 왜곡의 탓이 아니다. 지식의 문제 때문이라는 걸 직시할 필요가 있다. 옛 동유럽이나 소련의 사회주의 계획경제처럼 진보적 민주주의에도 자원의 사적소유가 극도로 제한되어 있다. 따라서 자본재 가격, 원료와 토지의 가격이 형성될 수 없다.

미제스가 주장하듯이 자원들의 시장가격이 없이는 그들의 상대적 희소성을 알 수 없다. 수억의 시장교환이 이루어지고 수억의 가격이 역동적으로 생겨나는 경제에서는 시장가격을 만드는 것이 계산적으로 불가능하다.

수억 가지의 복잡다기한 상품들을 수요하고 생산 판매할 수 있는 것은 그들에게 제각기 가격이 있기 때문이다. 그 가격들은 생산자와 소비자를 안내하는 나침반의 역할을 한다. 망망대해에서 나침반이 없으면 방향을 잃어 항해할 수 없듯이 가격이 없으면 그들은 아무것도 할 수 없다.

생산자는 끊임없이 변동하는 수많은 노동가격, 원료가격, 자본재 가격의 안내를 받기 때문에 소비재를 생산할 수 있다. 기업가가 미래를 위해 투자할 수 있는 것도 이자율 때문이다.

자원 선호가 끊임없이 변동하는 세계에서 생산자들이 투자 생산 등 경제활동을 성공적으로 실행할 수 있는 이유는 그런 변동에 해당되는 상대가격 구조 변동 때문이다. 사회주의에서 가격이 형성될 수 없다면 계획당국이 가격을 만들 수 있다고 주장할 것이다.

수억의 시장교환이 이루어지고 수억의 가격이 역동적으로 생겨나는 경제에서는 시장가격을 만들 수 있는가? 인식론적으로 불가능하다. 이를 지적한 게 하이에크다. 그에게 사회주의 계획경제가 불가능한 이유는 계산문제 때문이 아니라 경제주체들이 가진 지식의 성격 때문이다.

그 지식은 쉽게 이론화하거나 계량화할 수 있는 지식만이 아니라 기술, 재주에 구현되어 있거나 기업가적 통찰로 표현되는 경제 환경에 관한 지식이다. 이런 지식은 성격상 중앙계획당국이 전부 수집

이용하기가 곤란한 지식이다.

그 이유는 여러 가지로 설명할 수 있다. 첫째로 그런 지식은 책이나 도서관 장서와 같이 어느 한곳에 모여 있는 게 아니다. 그런 이론적 지식은 경제계획을 세우는데 필요하기는 하지만 그러나 그보다더 중요한 지식, 즉 기술, 재주, 기업가적 통찰, 경제 환경에 관한 지식은 각처에 분산되어 있다. 그런 지식은 각처에서 생업에 종사하는사람들의 머릿속에 들어있다는 뜻이다.

중요한 건 그런 지식의 성격이다. 지식 가운데에는 계량화나 수치또는 구두로 표현할 수 있는 지식이 있다. 이런 지식이라고 한다면정부의 계획당국이 설문 조사를 하거나 통계로 수집할 수 있을 것이다. 그렇다고 해도 수백만, 수천만 명이 사는 사회에서 그런 모든 지식을 수집하여 상이한 지식을 가공 처리하여 경제계획을 수립하는것은 기술적으로 불가능하다. 이게 두 번째 이유이다.

경제계획이 불가능한 세 번째 이유는 원천적이다. 말로조차 표현할 수 없는 지식의 존재 때문이다. 암묵적 지식의 개념을 이용하여계획경제를 비판한 인물이 폴라니와 하이에크다.

그런 지식은 암묵적이기 때문에 타인들에게 전달하기가 불가능하다. 실천적, 지역적, 전통적 지식이 그런 성격의 지식이다. 이런 지식은 개인의 기질과 삶의 형태에 구현되어 있고 직관과 후각으로 표현되는데 그런 지식은 과학적 방법으로 작성할 수도 없다. 어떤 컴퓨터로도 접근이 불가능하다.

사회주의 계획경제가 불가능한 이유는 인간이 가진 지식은 암묵적이고 그래서 자신이 가지고 있는 것의 상당 부분을 스스로도 알지 못한다는 점 때문이다. 말할 수 있는 것보다 훨씬 많이 알고 있다는 뜻이다. 더구나 그런 지식을 수집하려고 하는 과정에서 시장의 가격 형성이 왜곡되거나 억압되면 낭비되는 지식이다.

이밖에도 여러 가지 이유 때문에 계획경제는 불가능하다. 영국의 유명한 경제학자 새클은 그 원인을 미래에 대한 기대의 무지와 주관성에서 찾고 있다. 일회적 사건이나 새로운 것들의 발견과 창조 등에 의해서 사회가 변동한다.

따라서 그런 요인들 때문에 과거에서 현재를 추론하는 방식으로 사회변동을 예측할 수 없다. 현실세계에서 미래사건의 가능성을 예측하거나 추정할 수 있는 공식이 없기 때문이라는 게 새클의 주장이다. 그래서 장차 자원이나 가격변동을 예측하려고 한다면, 중앙계획당국은 단순한 장난에 지나지 않는다고 그는 목소리를 높인다.

인간의 경제적 삶은 종교적, 정치적 삶과 같은 다른 부문으로부터 독립적이지 않다. 경제는 인간 삶의 일부일 뿐이다. 정치적 변동, 전쟁, 유행 등 수많은 요인들의 예측할 수 없는 변화에 노출되어 있다.

그래서 추상적으로 그런 부분들과 분리시킬 수 없다.

우리는 주관적인 기대의 변동과 함께 갑자기 예측할 수 없는 변동이 생기는 등 변화무쌍한 세상에 살고 있다. 시장은 외부적 요인들의 변화에 열려있고 혁신적, 창조적 행동으로부터 시장과정은 역동적이다.

이와 같이 인간들이 살고 있는 사회전체는 아주 복잡하기 때문에 어느 누구도 자신이 참여하고 있는 사회구조의 아주 단편적인 것 이외에는 알 수 없다. 그런 지식의 한계 때문에 사회를 재구성하려는 어떤 노력도 실패할 처지에 있다.

그럼에도 인간 이성은 전지전능하기에 계획경제가 가능하다고 믿고 감히 사회를 재구성하려고 한다면, 이는 구성주의적 합리주의의 미신이요 자만이다. 그리고 그런 계획경제의 결과가 보여주고 있듯이 그런 지적 자만의 결과는 빈곤, 실업, 비관, 처참 등 말로 표현할 수 없으리만큼 치명적이다.

따라서 사회주의 계획경제가 불가능하다면 개인들이 각자 지식을 이용하도록 자유를 허용하는 게 합리적이다. 시장과 같은 자생적 질서에 의존하는 것이 필요하다. 시장경제는 국가의 계획과 간섭이 없이도 저절로 질서가 형성되어 실업과 빈곤의 문제를 해결하고 번영의 길을 열어놓는다.

# 진보민주주의 대신에 자유주의를

어떻게 시장경제가 지식의 문제를 해결하고 자생적으로 질서가 형성되는가? 시장경제에는 관료나 전문가가 수행할 수 없는 일을 매우 효과적으로 수행하는 메커니즘이 두 가지가 있다. 하나는 자생적으로 형성되는 가격구조이다. 다른 하나는 자생적으로 형성되는 행동 규칙이다. 관행과 관습, 도덕 규칙 그리고 전통 등이 그것이다.

자유로운 시장경제에서 자생적으로 형성되는 가격과 행동규칙들은 각처에 분산되어 있는 지식을 수집하여 모든 사람들에게 이를 전달한다. 이런 지식전달 능력은 천재적이다. 그 어떤 정신도 흉내를 낼 수 없을 만큼 탁월하다.

자본주의 사회의 묘미는 가격 현상이다. 수십만, 수백만 가지의 가격이 '저절로' 생성된다. 가격 속에는 수백만, 수천만의 인간들이 제각기 가지고 있는 선호, 의견, 생각, 목표 등에 관한 지식을 간추려서 반영된다. 서로 다른 사람들이 제각기 가지고 있는 재주, 능력, 기술적 지식, 그들이 추구하는 목표나 희망, 다양한 재화에 대한 그들의 다양한 욕구와 선호 등, 이런 것들에 대한 명시적 지식은 물론이요 암묵적 지식까지도 반영하는 것이 가격이다.

우리의 시각은 멀리 볼 수도 없고 청각 역시 멀리 들을 수 없다. 가격들은 인간의 이런 불완전한 감각기관을 가지고는 도저히 접근하기가 불가능한 자연적 및 사회적 세계의 '거시우주(macro-cosmos)'에 대한 적응을 가능하게 한다. 멀리에서 일어나는 일에 적응하도록 도와준다. 가격이 없으면 이런 적응이 불가능하다. 자유주의의 지혜가 바로 이것이다.

시장이란 희소한 자원을 배분하는 제도가 아니다. 경제에서 이용가능한 자원이나 용도는 알려진 게 아니다. 시장은 모든 자원 가운데 가장 희소한 자원인 지식을 절약하는 일이다. 시장은 각처에 흩어진 새로운 지식을 창출하고 그런 지식들을 전달하는 발견의 절차, 즉 인식을 위한 장치이다.

시장의 인식론적 역할은 불가피하게 흩어질 수밖에 없고 전부 수집하기가 불가능한 지식을 산출하고 산출된 지식을 가격을 경유하여 필요한 모든 사람들에게 이용할 수 있게 하는 역할이다.

가격에 구현된 지식은 어느 누군가의 재산이 아니다. 그것은 일종의 공공재산이다. 그런 지식은 중앙계획에서는 이용하지 못하고 낭비되는 지식이다. 사회주의 체제가 빈곤의 악순환에 빠졌던 이유는 시장에서 창출되어 흩어져 있는 지식의 소멸 때문이다.

시장의 가장 중요한 역할은 그런 암묵적 지식, 말로 표현할 수 없는 지식의 전달과 이용을 가능하게 한다. 수백만의 기업가나 투자가들이 가진 암묵적 지식을 수집하여 이를 조직하는 것은 불가능하다. 왜냐하면 그런 지식은 언어로 표현할 수 없기 때문이다. 이런 이유 때문에 시장과정을 컴퓨터로 시뮬레이션을 할 수도 없다.

지식을 전달하는 두 번째 메커니즘이 행동규칙이다. 행동규칙이 란 사람들에게 특정의 행동을 지정하거나 또는 특정의 행동을 금지 하는 역할을 한다. 인간들과의 상호작용 과정에서 그들의 행동을 제 한하는 행동규칙들이 수도 없이 많다. 이런 행동규칙들이 없이는 인 간관계가 성립될 수가 없다. 이것은 게임규칙이 없이는 게임이 성립 될 수 없는 것과 마찬가지이다.

인간행동은 특정의 구체적인 목적에 의해서 유도될 뿐만 아니라 그들의 행동이 추구하고자 하는 목표와 투입할 수단들을 골라내는 역할을 하는 행동규칙에 의해 조종된다.

이런 행동규칙이 지식의 문제와 어떤 관련성을 가지고 있는가? 행 동규칙과 지식의 문제를 중심된 연구대상으로 만든 학파가 애덤 스 미스, 데이비드 흄, 애덤 퍼거슨 등 스코틀랜드 계몽주의자들과 이 전통을 계승한 하이에크를 비롯한 오스트리아학파이다.

우리의 이성이 복잡한 현실을 세세히 지배하기에는 불충분하기 때문에, 이 불충분함을 극복하기 위해 우리는 규칙에 의존한다. 규 칙에 따라 행동하면, 문제들이 생겨날 때마다 매번 이들을 고려해야 할 수고를 덜어준다.

행동규칙의 중요성은 신호등이 없는 도로를 건너갈 때 분명히 드러난다. 횡단보도가 없는 도로를 건너가기 위해서는 좌우에서 오는 차량들의 속도, 운전자들의 운전 태도 등을 일일이 알아내어야 한다. 불안하게 도로를 횡단할 수밖에 없다. 그러나 신호등이 있는 횡단보도를 건너갈 경우 우리는 좌우를 살필 필요가 없이 안전하게 건너갈 수 있다.

그런 행동규칙들은 전통, 관행, 관습, 종교규칙 그리고 법규칙 등 다양하다. 주목할 것은 법규칙이다. 이는 집단적 의사결정의 대상이 될 수 있기 때문이다. 민주적 방법은 개인들이나 기업들이 자유로이 지식을 이용하고 개발할 수 있는 틀을 정하는 일에만 적용한다.

가격과 행동규칙을 통해서 자생적으로 질서가 형성된다. 자유가 주어지면 혼란이 생기는 게 아니라 저절로 질서가 형성된다. 인간의 이성을 초월하는 질서이다.

진보민주주의자들은 이 세상에 진보민주주의를 실현할 지적 능력을 가진 사람은 아무도 없다는 것을 직시해야 한다. 그걸 실현하려고 노력하면 경제자유는 물론이요 언론·사상·출판·결사의 자유까지도 유린되고 모든 시민들은 진보민주주의자들과 그 추종자들 그리고 관료들의 노예가 된다.

'부(富)의 생산을 통제하는 것은 인간생활 그 자체를 통제하는 길'이라는 하이에크의 말을 새겨들을 필요가 있다. 따라서 우리가 갈 길은 시장경제 법치와 제한된 정부를 기반으로 하는 자유주의이다.

빈곤, 실업, 저성장 위기 등은 자본주의 탓이 아니라는 것을 진보 민주주의자들은 직시해야 한다. 정부의 간섭이 많으면 많을수록 그 같은 경제문제가 야기된다. 그런 간섭은 시장의 자생력을 흔들어 놓기 때문이다.

문명의 성장은 자생적으로 형성된 시장의 비인격적 힘에 인간들이 순응한 결과였다는 걸 직시해야 한다. 그런데 만약 그런 힘에 순응하기를 거부하는 잘못된 합리주의에 사로잡힌 나머지 누군가의 자의적 지배로 향하는 경우 이는 문명을 파괴하고 미래의 발전을 막는 길이 될 것이다.

# 3장
# 사회민주주의

좌파세력의 일부는 진보적 민주주의를 반대한다. 소련이나 동구권과 같은 사회주의는 파산했다는 이유에서다. 그러나 유감스럽게도 좌파 집단은 왜 소련과 같은 공산주의가 파산했는지를 말하지 않고 있다.

이들 좌파집단이 요구하는 것은 사회민주주의이다. 경제나 사회에서도 평등한 분배와 복지를 누리는 것, 남녀의 실질적 평등, 중소기업이나 대기업이 힘의 평등을 누리는 것, 노동자와 자본가 사이의 평등을 실현하는 것, 이런 평등을 민주주의와 동일시하고 있다. 복지의 평등을 실현하는 것을 민주주의라고 여기는 게 사회민주주의이다.

좌파 지식인들은 자유시장과 법치주의 그리고 작은 정부를 핵심으로 하는 자유주의(즉 신자유주의)도 반대한다. 빈곤, 실업 그리고 분배의 불평등, 양극화를 야기하는 게 자유민주주의라는 것이다.

2008년 금융위기를 부른 것도 신자유주의를 의미하는 자유민주주의라는 것이다. 그 같은 이유로 좌파의 일각에서는 진보적 민주주의와 자유민주주의를 버리고 사회민주주의를 제안한다.


## 사회적 시장경제

사회민주주의 이념은 자유와 평등을 혼합한 이념이다. 자유만을 기반으로 하는 시장경제는 경쟁과 생산성을 통해서 경제적 번영을 가져다 주지만 그 속에 빈곤의 원인이 있다고 여긴다. 다시 말하면 재산권과 자유무역, 직업의 자유에 대한 정부의 불간섭은 분배의 부도덕성, 부당한 가격, 빈곤자의 해방을 위한 기회의 제한 등 나쁜 결과를 초래한다는 것이다. 더구나 시장경제는 실업과 위기로부터 자유롭지 못하다고 한다.

결국 시장경제는 윤리적으로 깨끗하지 못하기에 그것을 세탁할 필요성이 있다는 게 사회민주주의의 결론이다. 도덕적으로 청결한 게 사회적 시장경제라고 한다. 형용사 '사회적'은 사회정의, 사회복지, 경제민주화 등 사회적 형평을 의미한다. 그들은 자유와 재산권을 제한해서라도 정부가 나서서 그런 가치를 실현해야 한다고 목소리를 높인다.

노동자의 삶의 안정을 위해서 최소임금제도가 필요하다고 주장한다. 노동자의 일자리와 소득안정을 위해서, 기업이 마음대로 해고하는 것을 막아야 한다고 한다. 기업의 생산성을 위해서 노동자를 해고하는 것은 부도덕하다는 이유에서다. 노동자의 권익을 위해서 노사자율권도 보장해야 한다고 설파했다.

사회민주주의는 정부에게 재정·통화정책을 통하여 경기변동을 억제하고 완전고용을 실현할 과제가 있다고 믿는 이념이다. 이는 케인스를 대변하는 것처럼 들린다. 정부는 자녀·부모수당, 생활부조, 실업수당 등 재분배 정책을 철저히 이행할 과제가 있다고 믿는다. 그리고 연금, 의료, 실업 등에 대해서는 국가의 강제보험이 필요하다고 역설한다.

그러나 노동을 보호하기 위한 규제는 의도와는 달리 노동시장을 경직적으로 만들어 구조적 실업을 양산한다는 사실을 좌파 지식인들은 간과하고 있다. 구조가 취약한 산업부문에 대한 금전적, 법적 지원도 인색해서는 안 된다는 사회민주주의 이념의 인식은 경쟁을 통해서만이 경쟁력이 향상된다는 엄연한 사실을 모르고 하는 말이다.

사회민주주의가 경제민주화의 명분으로 노동자 대표가 자본가와 동등한 자격으로 자기가 속한 기업의 의사결정에 참여하는 근로자 경영참여제도의 도입을 강조하는 것도 흥미롭다. 이런 제도는 노동자 대표의 친노동 태도로 기업정책에 대한 의사결정의 경직성을 강화했고 그래서 상황변동에 대한 기업의 유연한 대응을 가로막는다는 비판도 무시하고 있다.

사회민주주의는 시장경제의 경제력 집중도 심각하게 본 나머지 정부의 대기업규제가 시장경제에서 사회적 형평을 이루기 위한 국가의 중요한 과제라고 여기는 이념이다. 그러나 그 이념은 시장경제는 독점문제를 스스로 해결할 수 있는 능력이 있다는 이론적, 역사적 인식을 간과한 이념이라는 것도 직시할 필요가 있다.

흥미롭게도 사회민주주의 복지모델의 대표적인 것으로서 독일 모델 또는 스웨덴 모델을 찾고 있는 논자들이 있다. 그들은 '라인강의 기적'과 함께 분배적 평등을 실현하면서 유럽경제를 이끈 것이 독일 모델의 '사회적 시장경제' 모델이라고 믿는다.

스웨덴 모델에 대한 그들의 예찬도 그럴 듯하다. 비록 850만의 인구를 가진 작은 경제이지만 세계 경제의 정상을 차지할 만큼 번영을 구가하면서 동시에 "요람에서 무덤까지"라는 이상적인 복지를 달성한 것, 이것이 스웨덴의 복지 모델이라는 것이다.

그러니까 한국 경제도 이런 탁월한 경제모델을 수용하여 평등주의적 복지국가를 정착시키는데 우리의 정치적 노력을 투입해야 한다는 것, 이것이 우리 사회의 좌파 지식인들의 주장이다. 이들의 주장이 정말로 옳다면 한국 경제도 평등주의적 복지국가를 성공적으로 달성하지 못할 이유가 없다.

그러나 그들은 유럽의 경제적 번영의 역사를 오해하고 있다. 그들은 유럽 모델이 오늘날 개혁의 대상이 되고 있다는 것조차 무시하고 있다. 따라서 우리가 내세우고자 하는 주제는 유럽의 경제적 번영은 성장보다 분배를 앞세우는 유럽의 복지국가의 산물이 아니라 자유시장경제의 선물이라는 것, 그리고 우리의 활로도 유럽 모델이 아니라 자유경제라는 것이다. 정말로 그런가? 이 문제를 스웨덴과 독일의 예를 들어 설명하고자 한다.

## 사회민주주의의 실패 사례 1

스웨덴부터 보자. 이 나라는 유럽에서 가장 뒤늦게, 그러나 가장 성공적으로 산업화를 이룩한 나라에 속한다. 1950년에는 유럽에서 가장 부유한 나라가 되었다. 1960년대 초까지만 해도 세계에서 세 번째로 높은 1인당 소득을 가진 나라로 성장했다.

그런데 중요한 것은 이런 성장의 이유이다. 그 이유는 많다. 그러나 중요한 것은 스웨덴의 경제적 번영의 열쇠였던 제도적 조건이다. 그 조건은 완숙된 자유시장경제였다. 1870년대 이후 사유재산권을 비롯하여 수출입의 자유와 경제활동의 자유가 그 어느 나라보다도 폭넓게 인정되었다. 노동시장도 대단히 유연했다. 기술교육이 왕성하게 이루어졌다.

정부의 개입은 최소한도로 제한되어 있었다. 이런 광범위한 경제활동의 자유 속에서 스웨덴 기업가들은 유럽의 광대한 지역을 누비면서 돈을 벌어들였다. 기업가 정신을 생산적으로 마음껏 발휘할 수 있었다. 그 결과, 기술혁신 경제의 역동성은 눈부실 정도였다. '유럽의 홍콩'으로서 스웨덴의 위치가 확보된 것은 이미 이때였다.

1930년대부터 스웨덴에서 자유시장경제를 박해하려는 시도가 있었다. 예를 들면 강력한 노동조합의 등장과 함께 동일노동 동일노임의 평등주의 원칙을 실현하자는 것이 그것이다. 그러나 노동자 해고와 고용의 문제는 전적으로 기업의 자율에 맡기는 등, 자유시장경제의 전반적인 기조에는 흔들림이 없었다. 투자와 사업분야의 선택 등 기업활동의 자유에도 큰 제한이 없었다. 실업보험의 역할도 미미했

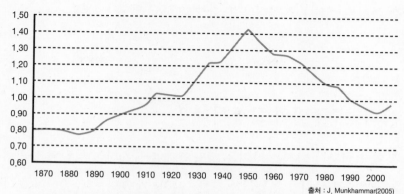

**유럽 16개국 평균소득 대비 스웨덴 1인당 소득변동(1870~2000년)**

다. 자유무역이 철저히 지켜졌다.

스웨덴 경제를 세계수준의 번영으로 이끈 것은 1870년대부터 거의 100년간 지속적으로 가꾸어온 (물론 우여곡절은 있었다고 해도) 자유경제였다. 1950~60년대만 보아도 5% 이상의 연 평균 경제성장을 구가했다. 실업은 3% 미만으로 낮은 수준이었다.

그런데 문제는 그림이 보여주는 바와 같이 1970년대 이후이다. 성장은 급격히 추락하여 20년 가까이 연 평균 1% 내외였다. 1990년 중반에는 결국 경제위기에 빠지고 말았다. 100년간의 공든 탑이 무참히 무너지기 시작한 것이다. '유럽의 홍콩'이란 명예가 소멸되었다.

이런 경제침체의 원인은 무엇인가? 경제사가들이 보여주고 있듯이 그것은 분명했다. 친(親)노동정책, 관대한 복지정책과 높은 세율을 특징으로 하는 스웨덴의 복지모델 때문이었다.


## 사회민주주의의 실패 사례 2

독일 라인강의 기적을 가져온 것도 분배를 중시하는 독일의 사회적 시장경제가 아니라 히틀러가 망한 1940년대 후반부터 70년대 초까지의 자유시장경제였다. 이 시기는 독일의 역사에서 경제자유가 가장 잘 보호되던 시기였다. 거의 모든 부문을 자유와 경쟁의 원리에 따라 조직하는 시기였다. 기업부문은 물론 노동부문과 심지어 교육부문까지도 그랬다.

사유재산권은 신성시되었다. 소득분배와 복지정책도, 그리고 노동조합의 정치적 영향력도 대단히 미미했다. 정부지출과 조세부담률도 높지 않았다. 캐나다 프레이저 연구소(Fraser Institute)의 세계 경제자유지수를 보면 독일은 1960년대 말에 세계 7위나 될 정도로 경제자유가 많았다.

이런 자유 속에서 독일인들은 전 세계를 누비면서 거침없이 경제활동에 종사했다. 말하자면 모험적인 기업가 정신을 개발하고 이를 마음껏 활용할 수 있었다. 이런 자유 속에서 기존의 인적 자본과 기술도 효과적으로 개발되고 축적되었다. 그 결과 연 평균 성장률이 8%에 달했고 실업율은 1% 내외였다.

그러나 1970년대 초부터 전혀 다른 경제성과가 등장했다. 성장률은 일관되게 하락했다. 1% 내외의 저성장을 기록한지 오래다. 최근의 성장률도 마찬가지이다. 〈그림〉이 보여주는 바와 같이 실업률도 일관되게 상승해 왔다. 오늘날 12% 내외를 기록하고 있다. 저성장과 고실업, 이것이 독일경제의 처참한 현주소다. 유럽경제의 견인차의 역할을 하면서 유럽통합을 주도하던 독일 경제가 "유럽경제의 환자"가 되었다. 영국의 「파이낸셜 타임즈」가 일컬은 말이다. 그 원인도 친노동정책, 관대한 복지정책, 그리고 평등주의의 교육정책을 그 특징으로 하는 사회적 시장경제 때문이다.

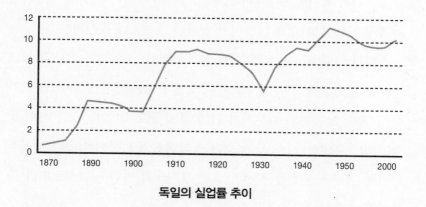

**독일의 실업률 추이**

그러나 우리 사회의 일각에서는 오늘날 독일이 겪고 있는 경제침체는 분배를 중시하는 사회적 시장경제 때문이 아니라 독일경제에 부담을 준 통일정책 때문이라고 주장한다. 그러나 이런 진단은 착각이다. 독일통일은 그런 경제침체의 도래를 앞당겼을 뿐이다. 독일통일이 없었다고 해도 오늘날과 같은 그 처참한 경제침체는 필연적이다. 이것은 1970년대 이래 일관되게 침체의 길을 걸어온 독일 경제의 역사가 입증한다.

## 경제적 번영을 갉아먹는 복지국가

평등주의의 복지국가가 유럽경제의 번영의 원천이 아니라 경제침체의 주범이라면, 어떻게 그것이 번영하던 경제를 침몰시켰는가?

스웨덴 모델에서 중요한 것이 친노동정책이다. 해고금지, 평생고용제를 도입했다. 직종, 기술수준, 직업에 관계없이 모든 노임 격차를 줄였다. 노동자가 자본가와 함께 경영에도 참여하는 노동자의 경영참여도 도입했다. 이 모든 것은 스웨덴 노동시장이 얼마나 경직적인가를 짐작하기에 충분하다. 그런 경직성의 원인은 강성노조와 좌파정부의 덕택이다.

그러나 이런 친노동정책이 경제에 미친 영향은 치명적이다. 일자리 창출과 신규고용의 중단이 그것이다. 1960년대 말 이후 거의 30년 이상 동안 민간기업의 고용이 드물었다. 친노동정책의 결과는 국부 창출의 정체와 산업자본의 해외유출이었다. 커지는 것은 공공부문 뿐이었다.

민간부문에서 일자리 창출과 고용이 부진하기 때문에 국가가 대신해서 나서기 시작했다. 철강산업, 조선 산업 그리고 섬유산업을 국유화하여 고용확대정책을 추진했다. 공공부문의 고용이 전체고용의 40%를 육박했다. 낙후된 산업부문에 대한 정부의 보조금도 고용유지를 위한 중요한 정책이었다.

이런 친노동정책의 결과는 스웨덴 경제의 급격한 생산성 추락이었다. 1960년대 이전 연 평균 5%의 생산성 증가율이 1970년대에는 2.5%로, 80년대에는 1%로 추락했다. 세계에서 3위의 1인당 소득을 가진 나라가 1990년에 들어와 세계 14위로 처지고 말았다.

이런 참담한 결과는 독일도 예외가 아니다. 1970년 이후 사회적 시장경제의 확충을 위한 노력의 중심에는 친노동정책이 서있다. 노동자의 천국을 만들기 위해서다. 그런 야심은 해고의 엄격한 제한, 개별기업의 사정을 고려하지 않고 획일적인 노임과 근로조건을 강요하는 산별단체협약의 도입이었다. 어디 그뿐인가! 세계에서 가장 적게 일하고 가장 높은 임금을 받는 곳이 독일노동계이다. 노동자 경영참여는 기업의 의사결정을 정치화시켜 비효율적으로 만든 주범이었다.

친노동정책을 반영하는 법적 제도는 기업을 경영하기 어렵게 만들어버렸다. 그 결과는 참담하다. 일자리 창출은 멈추었고 신규채용은 극히 드물었다. 기업하기 어려운 환경에서 독일 기업의 탈출방법은 돈을 벌어서 돈을 쓰지 않거나 아니면 해외에 투자하는 것이다. 그 결과, 늘어나는 것은 실업자이고 줄어드는 것은 국내경제의 성장이다. 독일경제가 유럽국가에서 가장 낮은 성장률과 가장 높은 실업률을 기록하도록 만든 주범은 이런 친노동정책이다.


## 도덕적 자본을 갉아먹는 복지국가

복지정책을 위한 시민들의 재정적 부담은 스웨덴 경제를 치명적으로 몰고 갔다. 평균 노동자의 소득세도 60%나 된다. 여기에다 간접세까지 합하면 조세부담은 60%를 훨씬 넘는다. 1980년대에는 최고 소득층의 소득세율이 80%였다. 이 모든 것이 부를 창출하여 돈을 많이 벌면 처벌하는 복지국가의 전형이다. 일할 의욕, 저축할 의욕과 그리고 기술을 습득할 의욕, 재교육을 받을 의욕은 소멸되었다. 기업들의 고용도 멈추었고 해외에 자회사를 설립하는 일에만 집착했다.

1970년대 이후 스웨덴 기업들의 신규투자가 증가하지 않았다. 신규기업의 시장진입이 없었다. 사실상 오늘날 스웨덴 경제의 견인차 역할을 하는 대기업들의 대부분은 1950년대 이전에 생긴 기업들이다.

독일도 스웨덴과 다르지 않다. 독일은 풍부한 복지정책 때문에 일하기 싫은 사람과 실업자의 천국이다. 그야말로 실업도 "괜찮은 직업"이다. 일하기보다 실업보험금, 실업수당 또는 사회부조금을 받아먹고 사는 것이 더 유리하기 때문이다.

정부의 복지에 의존하기 좋아하는 빈곤층이 새로이 생겼다. 이런 신 빈곤층이 100만 명을 넘은 때도 많았다. 스웨덴에서도 1990년대 성인인구의 10% 이상이 신 빈곤층을 구성하기도 했다.

그런 계층에 속한 사람들 중에는 심지어 고등교육을 받은 지식인들도 많았다. 복지국가는 복지 의존자의 증가를 야기한다. 그래서 복지국가는 스스로 붕괴하기 마련이다.

독일에서도 복지정책으로 인한 기업의 부담과 납세자의 부담은 만만치 않다. 번 돈의 60%는 국가에 바친다. 그러니까 그 결과는 고

급인력의 해외유출과 기업들의 해외 탈출 러시다.

우리가 주목하는 것은 복지국가는 물질적인 번영만 갉아먹는 것이 아니라는 것이다. 복지국가는 근면과 추진력, 책임감, 신중(愼重)의 미덕, 진취성 등 수백 년 동안 축적된 도덕적 자본까지도 갉아먹는다. 독일에게 라인강의 기적을 가져다 준 것, 스웨덴을 '유럽의 홍콩'으로 만들어 낸 것은 바로 이런 도덕적 자본의 덕택이었다.

스웨덴의 복지정책은 가정생활에도 심각한 영향을 미쳤다. 가족이 해야 할 일을 정부가 빼앗아갔다. 가족의 귀중함, 가족에 대한 개인의 책임감, 가족의 유대감을 소멸시켜 버렸다. 그러니까 이혼률이 높고 출생률이 갈수록 낮아졌다.

독일의 교육제도에서 교육재정의 국가부담은 자녀의 학습에 대한 부모의 무관심을 야기했다. 덴마크의 평등주의는 매우 높은 재산권의 범죄율을 야기하고 있다. 복지국가는 남의 재산을 존중해야 한다는 도덕을 훼손하기 때문이다.

더구나 심각한 것은 복지국가는 도덕적 자본의 훼손은 물론 물적, 지적 자본의 축적까지도 훼손한다는 것이다. 독일의 의료부문을 보자. 추종을 불허하던 부문 중 하나가 의료부문이었다. 20세기 초까지만 해도 독일의 의과대학은 전 세계의 부러움을 샀다. 베를린 의과대학 학생 중 미국 학생이 25%를 차지할 정도였다. 그리고 40년

전까지만 해도 의료 시설은 세계에서 최고를 자랑했다.

그러나 개인이 치료비를 지불하는 것이 아니라 국가가 대신 지불하는 의료 사회주의의 도입으로 의료부문의 침체는 심각해졌다. 의사들은 아직 과거의 자본에 의해 운영되고 있다. 새로운 기술을 도입할 의욕이 없다. 현대적인 시설을 구매할 인센티브도 없다. 나쁜 시설을 가지고 있어도 환자들을 빼앗길 위험이 없기 때문이다. 그러니까 의과대학 교육도 부실하다. 독일 의과대학이 과거에 얻은 명성은 사라진지 오래다.

의과대학만이 아니다. 복지국가는 전반적인 독일교육을 망가뜨렸다. 평준화교육 때문이다. 학교 선택권과 학생 선발권이 없다. 학생을 학교에 배급한다. 경쟁이 없는 교육이다.

고교의 등급화나 대학의 등급화도 막는다. 이런 평준화 교육의 결과는 치명적이다. 국제학력경시대회의 결과가 그 중요한 증거다. 독일학생의 성적 수준이 남미의 브라질, 멕시코 수준과 비슷하다.

교육 강국으로 유명했던 독일의 명성에 비추어 본다면 그 결과는 정말로 수치스런 일이다. 20세기 초까지만 해도 노벨상 수상자의 45% 이상을 배출하던 독일 교육의 명성, 이런 명성은 사회주의 평등교육으로 인하여 사라진 지 오래다.

# 정부의 비대화

복지국가는 공공부문의 증대를 야기한다. 좌파지식인들은 공공부문의 규모와 구조는 보다 큰 사회적 효용을 달성하기 위한 희망을 반영한 것이라고 칭찬한다. 그러나 이런 주장은 근거가 없다. 공공선택론이 보여주고 있는 것처럼 공적 자원의 배분은 압력단체의 힘에 좌우된다. 독일이나 스웨덴도 예외가 아니다.

잠재적인 복지수혜자는 될 수 있는 대로 많은 복지서비스의 혜택을 얻기 위한 정치적 영향력을, 복지서비스의 잠재적인 비용부담자는 이런 부담을 회피하기 위한 정치적인 영향력을 행사하려고 노력한다. 이런 노력은 비생산적이고 낭비적이다. 이런 비생산적 노력의 투입이 많으면 많을수록 번영을 위한 생산이 그만큼 줄어든다.

더구나 공공부문에는 경쟁이 없기 때문에 자원의 비효율적 이용이 일반적이다. 관료나 정치가는 자기 돈을 사용하는 것이 아니라 남의 돈을 사용한다. 효율적인 자원의 이용을 기대할 수 없는 것이 그 이유다.

서비스의 공급도 소비자가 결정하는 것이 아니라 정치적 채널을 통해서 결정된다. 따라서 복지국가의 복지서비스 공급은 수요자의 선호를 반영한 것이 아니라 공급자인 관료의 선호에 의해 결정된다.

복지정책을 수행하는 관료시스템을 유지하기 위한 비용도 만만하지 않다. 복지정책은 연금보험, 의료보험 등에서 보는 바와 같이 국가독점사업이다. 관료기구의 비효율성은 독일과 스웨덴도 예외가 아니다.

## 서민층에게 피해

평등분배를 통하여 가난한 사람들을 보호하는 것, 이것이 복지국가의 목표다. 그러나 복지국가는 평등도 달성하지 못하고 오히려 서민층을 괴롭힐 뿐이다.

복지정책의 결과로 독일에 500만의 실업자가 생겨났다. 그런데 그 실업자들의 구조가 흥미롭다. 대부분 취약근로계층이라는 것이다. 여성근로자, 청년근로자, 노년층, 미숙련 근로자들이 그에 속한다. 이것은 복지국가는 서민층을 실업자로 내모는 정책이라는 것을 단적으로 입증한다.

독일이나 스웨덴이나 똑같이 친노조, 고율과세는 투자위축과 물적, 인적자본의 해외탈출로 국내의 일자리 창출을 막았다. 그 피해는 고스란히 취약 근로계층의 몫이다. 모든 평등주의 정책으로부터 직접적인 타격을 받는 계층은 서민층이다.

홍미로운 것은 복지국가는 평등을 달성하는 것이 아니라 오히려 불평등의 요인이 된다는 것이다. 복지국가의 전형적인 특징은 누진 세인데 상당 부분 서류상의 누진세일 뿐이다. 조세를 회피할 구멍이 많기 때문이다. 그러나 이런 기회를 누구나 이용할 수 있는 것이 아니다. 왜냐하면 복잡한 조세시스템에서 도망갈 구멍을 찾기 위해서는 전문적인 지식이 필요하고 이런 지식은 아무나 이용할 수 있는 것이 아니기 때문이다. 고소득층이 고율 세금을 회피할 인센티브와 지식을 가질 수 있다.

정부의 불리한 간섭을 회피하기 위한 기업의 해외이전 또는 재산의 해외이전도 아무나 할 수 있는 것이 아니다. 재정적 능력과 지적 능력을 갖춘 최상위 기업이나 자본가이다. 그러니까 복지국가의 간섭으로부터 피해를 당하는 계층은 그런 능력이 없는 하류층이다.

복지국가가 공급하는 서비스로부터 혜택을 받는 것도 저소득층이 아니다. 스웨덴의 유명한 것이 막대한 국가의 보조금이 들어가는 탁아소제도이다. 어린 아이 1명 당 1년 간 지급되는 평균 보조금이 1만 2,000달러나 된다. 그러나 이런 제도로 가장 큰 혜택을 받는 계층은 하류층이 아니라 상류층 전문직 부부이다.

전문직에 대한 고율 과세는 일보다 여가의 선택을 유도했다. 스웨덴 의사의 진료시간(연간 1,600 시간)이 미국의사의 그것(2,800시간)보다 적은 이유가 그 때문이다. 스웨덴 의사들은 치료 대신에 자기 집의 집수리공이나 또는 자기 집의 페인트 공으로 일한다. 집수리공이 할 일을 의사가 한다. 고율 과세는 분업을 약화시키고 서민층의 일자리 증가를 억제하고 있다.

서민층에 목표를 둔 복지국가의 정책들은 궁극적으로 서민층에 유리한 것이 아니라는 걸 스웨덴이나 독일의 경제가 입증한다.


## 사회 민주적 복지국가의 도덕적 원천

복지국가는 유대감, 나눔, 참여, 사랑, 연대감, 나누어 먹기 모럴, 경쟁을 싫어하는 것, 그룹에 대한 애착심과 애정, 집단주의 사고, 감성적인 사고 등과 같은 도덕을 필요로 한다.

그런 정신구조의 근원은 고고인류학자들이 보여주고 있듯이 원시부족사회의 삶의 방식에서 진화된 것이다. 원시인들의 사회적 관계는 수령과 지도자의 명령에 따라 무리를 지어 수렵과 채취를 하면서 나누어 먹는 관계였다. 그들은 부족과 혈연으로 소규모 집단(15~30명)을 이루어 서로 도우면서 나누어 먹으면서 애정과 연대로 뭉쳤다.

이것이 "부족사회의 정신구조(tribal mentality)"이다.

그런 정신구조는 호모 사피엔스의 신경구조와 본능이 형성되면서 점진적으로 생성된 태도이다. 이런 태도를 구현한 분배제도 속에서 인류는 수백만 년 동안 살았다. 인류가 다른 영성동물과 분리되어 살기 시작한 때부터 현재까지 전체 기간을 24시간으로 본다면 그 중 23시간 56~57분 동안 인류는 무리를 지어 수렵, 채취 생활을 했다.

그런데 연대감, 유대감 같은 이런 본능을 억압하고 등장한 새로운 도덕은 사유재산권 도덕이다. 이는 사유재산, 이에 대한 존중, 약속 이행, 책임원칙, 개인주의 등과 같은 시장모럴이다. 이런 도덕이 형성된 계기는 정착생활, 인구의 증가와 기술발전이다.

본능적인 폐쇄된 모럴을 가지고는 도저히 살아갈 수 없었다. 부족 사회의 멘탈리티를 극복해야 했다. 그 투쟁은 결코 쉽지가 않았다. 이를 극복한 인간그룹은 생존과 번영을 누릴 수 있었다. 모방과 학습과정 속에서 새로운 모럴, 즉 소유권 모럴이 확산되어 갔다. 그 확산은 신속했다.

그리고 이제는 연대감 같은 본능의 생물학적 진화 대신에 사유재산권 모럴을 위한 "문화적 진화"에 들어섰다. 그 문화적 진화의 결과는 광대한 국제적 분업을 포함하는 이 거대하게 확장된 질서의 형성이었다.

그런데 시장모럴 속에서 살기 시작한 지는 인류 역사의 24시간 중 3~4분 정도밖에 되지 못했다. 다시 말하면 인류는 대부분의 기간을 연대감을 가지고 집단생활 속에서 나누어 먹으면서 살아온 것이다.

따라서 원시인들의 부족사회의 정신태도가 우리의 본능에 정착되었다. 생물학적 진화를 거쳐 오늘날 우리의 본능 속에도 아직 남아 있다. 사회생물학(Sociobiology)의 인식대상이 바로 이런 본능적인 인간행동, 본능적인 모럴과 같은 행동규칙, 본능적인 선호구조이다.

그런 도덕은 소규모 그룹에서는 잘 작동한다. 그래서 소규모 사회에서는 사유재산권이 지배적일 필요가 없다. 그리고 그 그룹의 누군가가 이타심을 가지고 구성원을 조종하면서 공유재산을 관리할 수 있다. 이것이 가능한 이유는 서로에 관하여 잘 알고 있기 때문이다.


## 사회민주주의는 원시사회로의 복귀

우리가 주목하는 것은 수백만, 수천만이 사는 거대한 사회의 도덕을 소규모 그룹에서 잘 작동하는 도덕으로 교체시킬 수가 없다는 것이다. 다시 말하면 서로 얼굴을 아는 사람들끼리 사는 소규모 사회의 연대감의 도덕을 익명의 사람들끼리 사는 거대한 사회의 도덕적 기초로 만들 수 없다는 것이다.

그것이 불가능한 것은, 사회주의 이념에 의한 소규모 그룹의 연대 모델을 대규모 사회에 이식하려고 시도할 때, 뚜렷이 드러난다. 그것은 공유의 비극이다. 서로 유대감을 갖고 서로 보살피면서 함께 나누어 먹는 사회의 약속은 결국 낭비와 게으름, 책임회피 등 온갖 부도덕과 빈곤으로 끝났다. 억압과 폭정이었다.

거대한 사회에서 사회적 관계는 이타심에 의존할 수도 없고 소유 관계도 공유제가 될 수 없다. 그 대신 사유재산권의 인정이 중요하다. 사유재산권의 도덕은 적극적 도덕이 아니라 "소극적 성격"을 취한다.

이런 사유재산권의 도덕적 기초는 거대한 사회를 위한 도덕적 기초이다. 우리가 이런 "소극적 도덕"에 의존할 수밖에 없는 것은 인간 지식의 한계와 이로 인한 도덕적 역량의 제한 때문이다. 시장도덕은 인간을 원시부족사회의 야만적 삶을 극복하고 오늘날과 같은 문명된 삶을 가능하게 했다.

이 맥락에서 우리가 주목하는 것은 인류에게 원시부족사회의 야만적 삶을 극복하고 오늘날과 같이 문명된 삶을 가능하게 한 두 가지 요소이다. 그 하나가 언어의 진화이다. 다른 하나가 시장경제의 진화이다. 이 두 가지는 모두 문화적 진화의 선물이다. 문명의 화신이다. 그래서 시장경제는 소중하다.

그러나 이런 문화적 진화는 끝나지 않았다. 끊임없이 본능이 격세유전적으로 등장하고 있다. 복지국가, 분배정의, 민족주의, 공동체주의 등은 원시부족사회의 정신구조를 제도화하려는 시도에 지나지 않는다. 원시사회에 대한 낭만적인 향수의 표현이다. 그리고 그것은 "사회적 본능"의 도발이다. 원시부족사회에 대한 향수의 발로이다.

복지국가사상, 민족주의, 공동체주의 등은 루소-마르크스-케인스 등의 원시부족사회에 대한 낭만주의와 데카르트의 합리주의 사상의 결합이 아닐 수 없다. 현대의 거대한 사회를 본능이 원하는 사회로 만들 수 있는 지적 능력을 가지고 있다는 믿음이 합리주의 사상이다.

문화적 진화와 생물학적 진화가 이 두 가지 모럴을 놓고 싸우고 있다. 구소련과 동유럽의 사회주의의 붕괴는 시장모럴의 승리이다. 문화적 진화의 승리이다. 복지국가의 붕괴도 그 승리의 한 부분이다. 점차 사유재산권이 승리해가고 있다.

# 유럽의 복지모델 대신에 자유시장경제

원시사회의 도덕을 실현하려다가 실패한 게 독일과 스웨덴의 복지 국가모델이다. 동유럽의 사회주의 계획경제에 뒤이어 원시적 향수 와 합리주의가 결합한 또 다른 거대한 사회공학이었다. "합리적이고 이타적인" 관료와 정치가들에게 주택, 의료, 농업, 교육, 가족 등에 대 한 규제와 계획을 맡기면 정의롭고 평등한 사회가 생겨날 것이라고 믿었다. 경제는 그들이 계획하고 규제하는 대로 따라준다고 믿었다.

그러나 이런 믿음은 치명적인 결과만을 초래한 자만이라는 것, 하 이에크가 말했듯이 "치명적 자만"이라는 것이 드러났다.

유럽식 평등주의적 복지국가는 막대한 자금을 필요로 하는데, 그 런 복지국가는 자신이 필요로 하는 바로 그것을 창출하는 힘을 훼손 한다는 것이 드러났다. 복지국가는 사회의 빈곤층의 삶을 개선해주 기는커녕 피해만을 가져올 뿐이라는 것도 판명되었다. 부의 창출과 그리고 빈곤층의 삶의 개선의 가장 효과적인 방법은 자유시장 경제 라는 것도 스웨덴과 독일의 역사가 판명해주고 있다.

복지국가의 치명적인 결함은, 흔히 사람들이 간과하는 점인데, 그 것이 도덕적 자본을 파괴한다는 것이다. 근면, 성실, 재산권 존중, 가 족의 신성함, 정의감 등 도덕적 가치의 축적을 방해하는 것이 유럽의 복지국가 모델이다. 도덕적 가치의 활성화와 보존도 자유경제에 의해서만 가능하다는 것, 이것도 독일과 스웨덴의 역사가 알려주고 있다.

이런 것을 잘 알고 있는 스웨덴과 독일의 식자들은 유럽 모델을 버렸다. 그들은 그 자리에 "자유의 나무"를 심고 있다. 독일은 "자유의 시대"를, 스웨덴은 "유럽의 홍콩 시대"를 회복하려고 한다. 흥미로운 것은 폴란드나 헝가리 그리고 체코 등, 사회주의 계획경제를 건설하다가 망한 동유럽 국가들까지도 독일과 스웨덴의 복지모델을 버리고 자유시장경제, 작은 정부와 큰 시장을 택했다는 것이다.

이제 유럽모델은 죽었다. 이런 죽은 모델이 한국 경제의 활로가 될 수 없다. 한국 경제의 길도 자유시장경제다. 한국 경제의 심각한 구조적 문제도 노동시장을 비롯한 각 부문에 지배하고 있는 반(反)자유시장경제의 요소 때문에 생겨난 것이다. 그 해법도 자유시장경제의 확립이다.


## 시장경제의 자생적 질서

시장도덕은 문화적 진화의 산물이다. 장구한 역사적 과정을 거치면서 겪어온 수많은 시행착오의 자생적 결과이다. 그것은 언어와 똑같이 "자생적 질서"이다. 문화적 진화와 그리고 자생적 질서의 발견은 하이에크가 밝혀내고 있듯이 "다윈 이전의 다윈주의자들(Darwinisten vor Darwin)", 즉 흄과 애덤 스미스 그리고 애덤 퍼거슨 등 스코틀랜드의 계몽주의자들의 공로가 아닐 수 없다. 그들은 다윈 이전에 진화이론을 개발하여 법과 도덕, 그리고 언어의 생성과 발전을 설명하려 했다. 이런 진화이론을 생물학에 적용한 것이 다윈이었다.

시장도덕이 자생적 질서라는 것은 중요한 의미를 가지고 있다. 세 가지이다. 첫째로 그런 도덕은 인간들이 계획하여 만든 것이 아니라는 뜻이다. 입법이 그 원천이 아니라는 것이다.

시장도덕은 정부가 존재하기 전에 이미 존재하고 있었다. 다시 말하면 재산권이 정부의 하사품이 아니라는 뜻이다. 문화적 진화와 생물학적 진화의 싸움에서 전자가 이긴 전리품이다. 그래서 소중하다.

둘째, 이런 전리품은 정치적 권력을 제한하는 역할을 했다. 정치적 권력을 막는 보루다. 약자를 보호하는 보루 역할도 했다. 강자의 권력을 막아주기 때문이다. 여성을 보호하는 역할도 했다. 따라서 시장도덕은 여권주의(feminism)에게도 중요하다.

여자가 재산을 소유하거나 사용하거나 이전하는 권리를 공식, 비공식적으로 금지하는 한 그들은 남자의 권위에 좌우되고 착취당한다. 따라서 정부가 함부로 개입할 사항이 아니다. 그래서 사유재산권은 소중하다.

　시장도덕이 자생적 질서라는 사실이 중요한 셋째 이유는 자생적 질서는 지금까지 설명한 사유재산권과 시장경제의 모든 장점을 포괄하고 있기 때문이다. 그리고 자생적 질서는 매우 복잡한 현상이기 때문에 인간 정신에 의해 다룰 수 없는 질서라는 것도 직시할 필요가 있다.

　특히 자생적 질서의 기반은 암묵적 지식, 초의식적 지식을 기반으로 한다. 그렇기 때문에 정부의 과제는 재산권을 보호하여 자생적 질서를 보호하는 일이다. 그러나 사유재산권을 신비하게 보는 학파는 재산권을 정부의 하사품으로 여기고 또 소득이란 시장에서 번 사람의 소유가 아니라고 생각하고 있다. 조세를 강제수용이라고 생각하지도 않는다. 정부가 있어야 권리도 있다는 생각, 재산권은 정부가 정한 법의 함수라는 생각은 모두 재산권은 "인위적 질서"라는 것을 의미한다.

# 4장
# 경제민주주의

경제민주주의는 20세기 초에 사회민주주의와 교조적인 마르크스주의의 치열한 논쟁의 결과이다. 마르크스주의자들은 프롤레타리아 독재의 필연성을 믿었다.

그러나 사회민주주의는 독재를 싫어했다. 이것이 중시한 것은 독재를 해체하고 노동자를 비롯한 모든 사람들이 동등한 자격으로 정치적 결정과정에 참여하는 것이었다. 모든 인간은 자신의 운명을 스스로 결정해야 한다는 것이 민주주의의 핵심 철학이었다. 봉건사회를 극복하는 방법도 그 같은 민주주의라고 믿었다.

마르크스를 비판하면서 등장한 것이 사회민주주의였다. 프롤레타리아 혁명과 독재가 아니라 다당제의 정치적 경쟁을 통해서 사회주의 실현이 가능하다고 믿었다. 귀족적 봉건사회의 정치적 독재를 해결한 것도 노동자들이 다른 모든 계층과 동등한 자격으로 정치에 참여함으로써 가능했다고 믿는다.

그러나 사회민주주의가 고민했던 것은 사회적 생산을 어떻게 조직하는가의 문제였다. 소수가 국민경제의 투자와 저축, 산업구조, 가격 등 국민경제의 진로를 계획하는, 그래서 독재와 다름이 없는 소련식 계획경제와 자본주의 생산양식도 반대했다. 자본주의는 부(富)의 편중과 경제력 집중으로 중소상인은 물론이요 노동자들의 운명이 자본과 대기업의 권력에 좌우된다는 것이다. 소련 식 중앙집권적 계획경제는 물론이요 자본주의의 생산양식도 정치적 민주주의와도 양립할 수 없다고 한다. 그래서 두 체제는 극복의 대상이라고 주장한다.

사회민주주의는 자본주의 생산구조를 바꾸어야 하는데, 이를 두가지 차원으로 나누어 생각했다. 하나는 거시적 차원이다. 각 기업들 간의 투자조정, 사업 분야의 조정, 고용정책, 물가정책 등을 결정하는 차원이다. 이 차원에서는 노동조합의 대표, 관련 집단들의 대표 그리고 정부대표 등이 참여하여 결정하는 거대한 국민경제적 의사 결정위원회를 조직하는 것이다.

또 다른 차원은 기업단위에서 노동자들이나 그 밖의 이해관계자들이 기업경영에 참여하는 제도이다. 그리고 마지막 세 번째 차원은 민주적으로 선택된 의회와 정부가 시장을 통제하는 것이다. '시장에 대한 민주적 통제'라고 부르는 것이 그것이다.


## 서구의 경제민주주의론

1920년대에 논의되었던 경제민주화의 특징은 생산수단의 사회화였다. 그리고 그 이용과 결과에 대한 분배를 다수가 참여하여 결정하는 체제를 염두에 두었다. 그 같은 경제민주화가 독일에서는 제2차 대전 이후 그리고 독일연방공화국이 건립된 이후에는 거의 논의가 없었다.

독일은 2차 대전 이후 이미 정치적으로 민주주의였고 경제적으로는 자유자본주의였다. 경제활동이 대단히 자유로웠다. 조세부담도 낮고 기업 활동에 걸림돌이 없었다. 노동시장은 매우 유연했다. 그 결과, 독일경제는 승승장구했다.

그러던 중 1970년 격세유전적으로 유럽사회가 전반적으로 좌경화의 길로 접어들었다. 이때 경제민주화론이 다시 등장했다. 경제민주화로 두 가지 차원이 논의되었는데, 하나는 거시경제적 차원에서의 사회적 공동결정과 다른 하나는 기업차원의 경제민주화로서 노동자의 경영참여제이다.

　　**사회적 공동결정**: 이것은 이익단체나 또는 이른바 "비정부조직(NGO)"을 정치적 의사결정에 명시적으로 참여시키는 것을 말한다. 따라서 이 같은 경제민주화는 시장경제를 조종하기 위한 '담합'이나 다름이 없다. '조종카르텔'이라는 말이 생겨난 것은 바로 그 때문이다. 그것은 이익단체들과 국가의 의사결정자들이 연합하여 사회경제의 거시적 변수들을 '담합'하고, 이 담합결과에 따라 사회경제적 과정을 조종하는 '기관'이다. 의사결정 공동체, 또는 "협조적 행위(Concerted Action)"라고 부른다.

　　이익집단이나 비정부조직들은 이제는 더 이상 압력단체가 아니라 정부의 의사결정 파트너들이다. 국가와 사회의 이분법이 지양되고, 국가의 사회화이자 동시에 사회의 국가화라고 한다.

　　1970년대 구체적으로 논의되었던 예는 "소득정책"을 위한 노·사·정 삼자 합의제였다. 이 제도는 케인스주의의 거시정책인 재정정책을 측면적으로 지원하기 위한 것이다. 독일 좌파진영은 1970년대 독일경제를 괴롭혔던 스태그플레이션 문제를 해결하기 위해서 그 같은 제도와 유사한 일종의 '경제사회위원회' 제도를 도입했다.

그러나 누가 그 위원회의 구성원이 될 것인가, 그리고 어떤 사안을 다룰 것인가의 문제를 놓고 해결의 실마리를 찾지 못했다.

결국 가격과 노임통제를 통하여 당시 스태그플레이션 문제를 해결하기 위해서 특히 노동자 대표와 사용자 대표 그리고 정부대표가 참여하는 3자 합의제 위원회제도를 도입했다. 그러나 이 제도도 오래 가지 못하고 소멸되고 말았다.

1970년대 영국의 보수당 내각을 이끈 히스(E. Heath) 수상도 인플레이션의 원인을 노임인상과 탐욕적인 기업의 이윤 증가로 인한 가격인상 탓으로 보았다. 이를 막기 위해서 노임통제와 가격통제를 정부가 시행하는 것은 당시 소련 식 계획경제처럼 전체주의였다. 때문에 그 같은 통제방법 대신에 경제민주화의 명분으로 노사정 3자 합의제를 도입했다. 이 합의제는 노임과 가격을 통제할 목적을 가진 거대한 담합이다. 그러나 이런 통제로 당시 영국을 지배하고 있던 스태그플레이션을 해결하지 못하고 실패로 돌아갔다. 70년대 말 영국 수상이었던 노동당 윌슨은 그 제도의 포기를 선언했다.

**노동자 경영참여제도**: 1970년대 기업차원의 경제민주화로 독일이 도입한 것은 노동자 경영참여 제도이다. 자본의 독재로부터 노동자를 해방하기 위해서 자본가와 노동자가 나란히 기업정책을 합의제

로 결정하는 제도이다. 1978년 1,000명 이상의 주식회사에 의무적으로 도입할 것을 법제화했다.

그러나 이 같은 제도는 그 후 주주와 노동자 모두에게 유익한 제도가 아니라는 것이 판명되었다. 노동자 경영참여제도는 재산권의 공유화를 초래한다. 기업경영의 효율적인 제도이기는 고사하고 오히려 기업경영의 발목을 잡는 귀찮은 제도이다. 기업경영을 정치화시킬 뿐이다.

이 같은 사실은 외환위기 이전의 기아자동차가 입증한다. 민주적으로 경영이 이루어졌다. 전문경영인이 있었고 또 노조와 협의를 해서 기업을 경영했다. 그 결과 자동차의 품질도 좋지가 않았고 그래서 세계시장에 나가기도 힘들었다.


## 한국의 경제민주화론

한국의 경제민주화는 1987년 9차 개정된 현행 헌법에서 그리고 현재 정치권에서 논의되고 있다. 제헌헌법의 탄생에 막대한 영향을 미쳤던 고(故) 유진오 박사는 제헌헌법의 경제질서를 "민주적 시장경제(democratic market economy)"라고 불렀다. 제헌헌법은 이미 잘 알려져 있듯이 무역의 통제와 기간산업의 국유화, 근로자의 이익 균점권과 같은 강력한 사회주의 요소를 가진 헌법이었다.

시장경제와 민주주의의 병행발전을 국정철학으로 제시했던 김대중 정부는 민주적 시장경제를 다음과 같이 쓰고 있다. 즉 "경제 운영에 민주주의 원리·원칙의 적용을 확대하고 정부의 불필요한 규제를 철폐하여 진정한 시장경제 질서를 확립하는 것을 의미한다." 흥미로운 것은 최장집 교수의 '민주적 시장경제'이다. 이는 "시장 기능을 공동체적 기반 위에 놓으려는 시도" 또는 "자유주의 시장 원리에 국가의 사회보장정책과 시민사회의 시장에 대한 민주적 통제의 결합"이라는 말로도 사용하고 있다.

우리가 이 글에서 주목하는 것은 한국 헌법 119조 2항의 경제민주화와 그리고 현재 정치권에서 논의하고 있는 경제민주화론이다. 그 내용을 설명하고자 한다.

**헌법 119조와 경제민주화의 문제**: 헌법 제119조 제1항은 "대한민국의 경제질서는 개인과 기업의 경제상의 자유와 창의를 존중함을 기본으로 한다."는 내용이다. 제2항은 "국가는 균형 있는 국민경제의 성장 및 안정과 적정한 소득의 분배를 유지하고, 시장의 지배와 경제력의 남용을 방지하며, 경제주체간의 조화를 통한 경제의 민주화를 위하여 경제에 관한 규제와 조정을 할 수 있다."는 내용을 담고 있다. 그 내용은 1987년 제9차로 개정된 현행헌법이다.

흥미로운 것은 1980년 제8차 개헌헌법 제120조이다. 이는 다음과 같다. ①대한민국의 경제 질서는 개인의 경제상의 자유와 창의를 존중함을 기본으로 한다. ②국가는 모든 국민에게 생활의 기본적 수요를 충족시키는 사회정의의 실현과 균형 있는 국민경제의 발전을 위해 필요한 범위 안에서 경제에 관한 규제와 조정을 한다. ③독과점의 폐단은 적절히 규제·조정한다.

1987년 9차 개헌헌법에서 1980년 헌법 제120조 3항을 9차 개헌헌법의 제119조 2항에 통합시키고 여기에 "경제주체 간의 조화를 통한 경제의 민주화를 위하여 경제에 관한 규제와 조정을 할 수 있다."는 내용을 새로이 추가한 것이다. 그런데 우리가 주목해야 할 것은 세 가지이다.

첫째로 그 추가된 내용은 제119조 제2항의 다른 내용과는 전적으로 독립된 내용이라는 것이다. 둘째로 "경제주체 간의 조화를 통한 경제의 민주화를 위하여 경제에 관한 규제와 조정을 할 수 있다."는 말이 도대체 무슨 뜻인지를 알 수 없다.

셋째로, 그 내용은 사실상 1970년대 유럽에서 논의되었던 "협조적 행위"와 노동자경영참여제도, 소액주주운동 등이라고 해석하는 것이 옳다고 본다. 그러나 정치권은 다르게 해석하고 있다. 이를 설명하자.

**정치권의 경제민주화론**: 정치권에서 강조하고 있는 경제민주화는 119조 2항의 전체내용을 포괄하는 내용으로 이해하고 있다. 여야의 정치권이 제시하는 정책들은 구체적인 내용에서는 약간씩 다르기는 하지만 세 가지로 구성되어 있다. 첫째로 출자총액 제한제도의 부활, 순환출자 금지 등과 같은 재벌개혁, 둘째로 중소기업 업종에 대한 대기업 진입 제한, 재래상권이나 골목상권 활성화 등 중소상공인 보호정책, 그리고 마지막으로 법인세나 자본세 강화 등이다.

따라서 한국의 경제민주화는 친노동조합 정책을 주로 하는 유럽의 그것과는 다르게 중소상인과 중소기업을 위해서 재벌·부자 때리기로 둔갑하고 있음을 어렵지 않게 알 수 있다. 그럼에도 유럽과 한국은 공통된 믿음이 있다. 이는 자유시장을 민주적으로 선출된 입법자나 정부의 조종과 통제의 대상으로 만들어야 한다는 것이다.

따라서 경제민주화는 복잡하고 섬세한 기업의 경제활동을 정치화하자는 뜻이다. 재벌에 대한 규제와 개입이 없으면 재벌의 탐욕으로 중소기업들이 스스로 자신의 운명을 개척할 수 있는 여지를 제약하기 때문에 재벌개혁이 필요하다는 뜻이다. 개혁을 통해서만이 정치

적 자유주의와 경제민주화가 서로 부합할 수 있다는 것이 경제민주
화론의 핵심이다.


## 경제민주화론의 허와 실

경제민주화론의 문제는 무엇인가? 이것이 자유와 번영을 위한 길인
가? 이 문제를 하이에크의 자유주의 사상에 비추어 검토할 것이다.


**경제민주화와 구성주의의 미신** : 경제민주화의 기본적인 발상은 시
장의 자생적 질서와 그리고 그 자생적 힘에 대한 부정이다. 질서 잡
는 실체가 있어야 질서가 형성될 수 있다고 믿는다. 인간은 자신이
운명의 주인이라는 마르크스주의의 철학에 따라서 운명을 자생적
질서에 맡길 수 없다는 것이다.

그런 믿음은 시장과정을 여러 가지 방식으로 인위적으로 통제하
고 그것을 민주적 과정을 통해서 결정된 경제정책 목표에 조종해야
한다는 생각과 밀접한 관련이 있다.

따라서 경제민주화에서 중요한 역할을 하는 것이 하이에크가 말하
는 "구성주의"라는 것을 어렵지 않게 알 수 있다. 구성주의는 관료나

정치가들은 인간의 행동과 동기에 영향을 미치는 수단을 통해서 구체적인 정책목적을 달성할 수 있는 전지한 능력이 있다는 믿음이다.

따라서 경제민주화는 자유사회의 진화적인 힘을 믿지도 않고 시장경제의 자생적 힘도 믿지 않는다. 더구나 경쟁적인 경제의 탁월성도 믿지 않는다. 애덤 스미스가 강조하는 보이지 않는 손, 하이에크가 강조하는 자생적 질서와는 달리 시장경제의 자생적인 힘이 소망스러운 결과를 가져온다는 것을 믿지 않는다. 경제민주화가 믿는 것은 국가의 조종능력이다.

그러나 이는 치명적 오류이다. 정부사람들은 물론이거니와 그 어느 누구도 오늘날과 같이 거대한 사회를 특정한 목적을 위해서 조종통제할 지식이 없다.

**경제민주화와 국가사회주의**: 중앙집권적 경제 질서는 사회의 국가화를 의미한다. 구성원들은 국가목적을 위한 수단이다. 개인들의 사적 영역이 없다. 그래서 그것은 전체주의이고 개인의 자유란 의미가 없다. 생산수단의 소유자는 개인이 아니라 국가, 구체적으로 말해서 정부이다.

그런데 경제민주화는 생산수단의 소유자는 국가가 아니라 '사회'이다. 그것은 국가를 사회화하다는 것을 말한다. 한국 헌법 제119조

2항대로 "경제의 민주화를 위하여 경제에 관한 규제와 조정을 할 수 있다."고 한다면 생산수단의 사적 소유를 부정하고 그것을 사회에 귀속시키는 '사회화'가 요구된다. 아니면 적어도 생산수단의 소유권을 희석시키는 결과를 초래한다.

그런데 흥미롭게도 경제민주화는 사회를 의인화하고 있다. 소유자가 사회라고 말할 때 이는 실체 없는 소유자다. 구체적인 소유자는 사회집단들이다. 이들이 생산수단을 공유한다. 예를 들면 기업의 경영권이 기업의 소유자에게만 있는 것이 아니라 노동자와 함께 공유된다. 투자결정도 노동조합과 기타 관련 집단의 합의로 결정되기 때문에 국가사회주의와는 차이가 있다.

그러나 개인들에게 확립된 사적 영역이 허용되지 않는다면 경제민주화는 국가사회주의에 지나지 않는다. 사회주의자들이 경제민주화를 통해서 소련식 사회주의를 탈피하려고 했지만 그러나 그것은 소련의 전체주의나 매한가지이다. 사회집단을 통해서 개인의 자유가 유린된다.

한국의 경제민주화가 이런 전체주의로 갈 것인가는 예단하기 어렵지만 그러나 지금은 해체된 통합진보당이나 새정치국민연합 그리고 새누리당이 재벌 해체를 주장하는 것을 보면 그 같은 가능성을 전적으로 배제할 수 없다.

경제민주화론은 법이 지배하는 사회(nomocratic society) 대신에 목적이 지배하는 사회(teleocratic society)를 지향한다. 경제민주화론은 자유의 법이 아니라 처분적 법을 중시한다. 그래서 그것은 법치주의를 위반하는 이념이다.

**경제자유를 유린하는 경제민주화**: 경제민주화론의 또 다른 측면은 자유시장을 민주적으로 선출된 입법자나 정부의 조종과 통제의 대상으로 만들어야 한다는 믿음이다. 경제민주화는 복잡하고 섬세한 기업의 경제활동을 정치화한다는 것을 말하는데, 이런 식으로 경제자유를 유린하는 것은 경제민주화의 치명적 오류가 아닐 수 없다.

그러나 경제자유가 중요한 이유가 있다. 하이에크가 강조하듯이, 시장의 자유는 사상·표현의 자유, 언론의 자유 등 정신적 자유의 보루(堡壘)이다. 경제 간섭이 많으면 기업들이 간섭주의를 비판할 자유도 줄어든다. 왜냐 하면 정부를 비판하는 기업들은 세무조사나 또는 그 밖의 다른 차별적인 정책을 통해서 제재를 받기 때문이다. 경제자유가 있는 곳에 언론·신앙의 자유와 사상의 자유도 활기차다.

경제자유는 민주발전의 선결조건이라는 것도 잘 알려진 사실이다. 좌파의 가슴이 쓰리겠지만, 경제자유 때문에 우리 사회의 정치적 민주주의가 가능했다. 그리고 미국의 유명한 싱크탱크인 프리덤 하우스가 보여주고 있듯이 오늘날 영국, 미국 그리고 독일에 못지않을 만큼 우리나라가 민주주의를 향유하고 있는 것도 자유시장과 이를 통한 경제적 번영의 덕택이라는 것도 솔직히 인정해야 한다.

자유시장은 정치적 민주주의와 부합할 수 없다는 경제민주화론은 그래서 옳지 않다. 오히려 경제민주화가 정치민주화와 양립할 수 없다. 경제민주화로 정부권력이 커지면 편들기와 편 가르기의 불공정한 정치적 과정이 불가피하다. 엄정해야 할 정치과정이 '지대추구'의 장(場)으로 변질되고 이로써 사회적 불신은 깊어져 갈등과 분열은 증폭하게 마련이다. 이는 민주발전을 심각하게 훼손한다는 사실을 직시해야 한다.


**번영을 해치는 경제민주화** : 경제자유가 얼마나 중요한가는 프레이저연구소의 연구가 뚜렷이 보여준다. 규제가 적을수록, 세금이 낮고 정부지출이 적을수록, 즉 정부권력이 제한되어 경제자유가 많을수록 1인당 소득도 높고 부패도 적다. 시민들이 책임의식을 갖고 자유로이 활동하는 사회에서만이 도덕도 형성되고 공동체 정신도 투철해진다.

우리가 직시할 것은 1960년대 우리 국민 1인당 소득이 100달러도 못되는 척박한 경제에서 2만 달러의 번영된 경제로 이끈 것도 경제자유라는 점이다. 우리나라 기업과 개인들이 창의적이고 진취적인 노력으로 재산을 키우고 기업을 일궜던 건 바로 경제자유를 제도적으로 뒷받침했기 때문이다.

정부주도로 한국 경제가 발전했다는 좌파의 생각은 착각이라는 것도 주지할 필요가 있다. 그래서 경제번영의 필수조건으로서 경제자유를 유린하는 경제민주화는 치명적이다.

소비자들의 자유는 물론이요 그들이 키워놓은 대기업의 자유로운 경제활동을 위축시키는 경제민주화는 필연적으로 기업가 정신을 훼손하고 투자 의욕을 감퇴시켜 경제 활력을 떨어뜨린다. 그 결과는 처절하다. 실업은 늘고 소득은 줄며, 저소득층의 밥그릇이 깨지는 등 민생이 피폐해진다.

**소비자를 무시하는 경제민주화** : 유럽에서는 원래 경제민주화를 자본의 권력을 제한하고 생산자로서 노동자와 노동조합을 보호하는 것이었던 반면에 한국에서는 재벌의 경제력을 억제하고 중소상공인을 보호하는 것으로 이해한다. 경제민주화의 명분으로 내놓는 정책을 보면 중소기업 적합업종 진입규제, 대형 슈퍼마켓 규제, 백화점 영업시간 규제를 비롯하여 기업활동의 자유는 물론 소비자들의 선택의 자유의 제한을 초래한다.

따라서 경제민주화는 소비자보다는 생산자로서 노동과 중소기업을 중시한다. 소비자가 어떻게 되든 상관없이 자본과 대기업은 규제의 대상이요 노동과 중소기업은 보호의 대상이다. 경제민주화론은 소비자에 대해서는 관심이 없다. 상품의 질에도 관심이 없다. 관심이 있는 것은 오직 누가 상품을 생산하는가, 어디에서 어떻게 만드는가 뿐이다.

이 같은 시각은 모든 생산의 최종목적은 소비가 아니라 생산 그자체라는 사회주의 사상을 반영한 것이다. 이는 애덤 스미스 전통과는 정면으로 배치된다. 그는 생산의 유일한 목적은 소비라고 보았기 때문이다. 다시 말하면 사람들은 소비하기 위해서 생산한다.

그래서 경제민주화는 정치적 민주주의의 확대 적용이라는 말이 타당하지 않다. 정치적 민주주의에서 주권자는 유권자인 정치적 수요자이고 경제민주주의에서 주권자는 소비자가 아니라 생산자, 그것도 중소상공인(그리고 노동자)이기 때문이다. 소비자 주권을 강조하는 자유시장경제가 정치적 민주주의와 흡사하다. 이런 시각에서 미제스가 시장사회를 민주주의에 비유한 것은 이해할 만하다. 그러나 '경제'민주주의는 그 같은 의미가 결코 아니다. 소비자주권의 표현이 아니라 생산자로서 노동자와 중소상공인 주권의 표현이기 때문이다.

생산의 목적은 소비가 아니라 그 자체 목적이라는 믿음에서 경제민주화는 규제의 초점을 대기업에 두고 법적 보호의 초점을 중소기업에 둔다. 그러나 이 같은 규제와 보호는 경쟁적이고 역동적인 경제를 정태적으로 만든다는 것을 직시할 필요가 있다.

다시 말하면 생산적이고 경쟁적인 경제는 법적으로 정태적인 사회의 틀 내에서는 존재할 수 없다. 보호받는 중소업체는 국가의 지원에 의존하기 때문에 기업가적 정신이 소실되고 규제받는 대기업의 기업가적 정신이 법에 의해 차단된다.

경제민주화론은 인간의 삶과 그 존재는 자신의 노동에 좌우된다고 주장한다. 그러나 노동의 질과 일자리 창출은 기업가적 창조와 혁신에 좌우된다. 따라서 기업가적 정신을 위축시키는 경제민주화는 일자리 창출은 물론이요 노동의 질적 개선도 방해한다. 그래서 그것은 노동자에게도 불리하다. 따라서 우리가 직시해야 할 것은 경제민주화의 최종 수혜자는 중소기업도 아니고 서민 근로계층도 아니라 중소기업을 운영하는 사장이라는 점이다.

**대기업의 권력과 소비선택**: 재벌의 경제력이 국가권력을 누르기 때문에 재벌개혁이 필요하다는 경제민주화론의 목소리도 터무니없다. 시장경제의 원칙에서 벗어난 국가권력에 대해 기업들이 맞서는 것은 지극히 당연하다.

대기업들로 하여금 마음 놓고 자신의 경제력을 소비자들을 위해서 전부 쏟게 할 수 있는 유일한 길은 경제민주화가 아니라 자유시장이다. 물론 재벌이 갖가지 수단을 동원하여 법적 처벌을 회피할 수 있다. 그러나 이는 법 집행의 문제이지 기업의 규모와 관련된 문제는 아니다.

흥미로운 것은 대기업의 권력이 횡포와 목조르기로 자유시장을 통제하고 있다는 경제민주화론의 비판이다. 그러나 이것도 잘못된 시각이다. 자유시장을 통제하는 것은 소비자들이다.

소비자들이 다른 소비자들과 함께 구매선택을 통해서 국내에서는 물론 국제적으로 무엇을 누가 생산할 것인가 결정한다. 누구를 고용하고 얼마를 지불해야 하는가, 누구를 승진시키고 누구를 해고할 것인가를 궁극적으로 결정하는 사람도 소비자들이다.

기업들은 말하자면 소비자들의 대리인이다. 소비자들이 원하는 품질을 생산하고 소비자들이 지불하고자 하는 가격으로 재화와 서비스를 산출한다. 시장을 지배하는 것은 대기업의 강제가 아니라 소비자들의 소비선택 때문이다.

**경제민주화론과 국가권력의 한계**: 경제민주화의 치명적 오류는 또 있다. 다수의 권력을 제한하는 요소가 없다는 점이다. 이는 민주주의의 당연한 귀결이다. 원래 민주주의는 지배의 원천을 묻는다. 지배의 내용은 관계가 없다. 다수가 지지하면 무엇이든 법이요 정당한 권력 행사가 된다. 민주주의는 국가권력을 조직하는 데 치중하고 이를 제한하는 방법은 없다.

마찬가지로 경제민주화도 다수의 권력이나 국가권력을 제한하는 장치가 없다. 그래서 경제개입의 한도와 관련하여 경제민주화의 이념적 스펙트럼이 대단히 넓다. 공정거래에서 재벌해체론, 사회민주주의로 가는 길 등 전부 경제민주화이다. 이명박 정부가 강조해온 동반성장이나 공생발전도 경제민주화와 관련 있다. 2014년 입법화된 재벌의 일감 몰아주기 과세, 대형 유통업체 영업제한도 마찬가지다.

경제민주화는 개인의 사적 자치를 확립해주는 그 어떤 역할도 하지 못하고 오히려 '사회'의 이름으로 국가의 시장개입을 정당화하는 역할을 할 뿐이다.


## 경제민주화가 아닌 경제자유화

경제민주화는 자유시장의 자생적인 역동성을 부정하고 다양한 국가의 규제를 정당화하는 패러다임이다. 경제민주화는 원래 소위 '자본의 압제'로부터의 노동 해방을 목적으로 한 운동이었다. 그런데 우리나라에서는 재벌개혁과 중소기업의 보호라는 의미로 사용하고 있다.

그러나 그 차이가 무엇이든 경제민주화는 생산의 목적은 소비가 아니라 생산 그 자체라는 사회주의의 소산에서 나온 것이다. 그래서 생산과 관련된 규제와 보호가 경제민주화의 핵심이다. 이는 소비자의 선택의 자유와 기업의 자유를 제약하고 이런 경제자유의 제약은 정신적 자유와 민주정치의 발전도 위축시킨다. 경제민주화는 파이를 키우는 것이 아니라 오히려 정치적으로 인기 있는 부문들에 파이를 나누어주는 체제이다.

생산의 최종목적은 소비라는 것을 무시하는 경우 역동적이고 경쟁적인 경제는 정태적 사회에서는 존재할 수 없다. 이런 정태적 사회는 경제성장에 필수적인 혁신과 변화가 있을 수 없다.

경제민주화의 그 같은 치명적 오류를 직시한다면 경제민주화는 한국 사회가 갈 길이 아니라는 것이 명백하다. 더구나 진작 우리나라는 규제가 많은 나라이다. 블룸버그 통신이 최근 선정한 '기업하기 좋은 나라 50개국' 순위에서 우리나라가 겨우 29위라는 것은 우연이 아니다.

수도권 규제나 공정거래법을 통한 대기업 규제는 세계에서 1위를 차지할 정도다. 중소기업 지원제도도 세계최고이다. 법인세 부담도 매우 높을 뿐만 아니라 법인 상위 1%가 법인세의 80%를 부담하고 있는 것도 기이하다. 소득 상위 1%가 소득세의 45%를 부담한다.

여기에다 경제민주화의 명분으로 규제를 새로이 도입하는 것은 화약을 짊어지고 불 속에 뛰어드는 것과 마찬가지다. 그래서 경제민주화 대신에 자유시장 친화적으로 규제를 개혁하는 '경제자유화'가 옳은 이념이다. 자유시장만이 번영의 길로 가기 위한 최선의 길이기 때문이다.

봉건사회의 특혜를 폐지하고 오늘날 번영을 가져다준 것도 민주화가 아니라 자유경제였다는 것을 직시할 필요가 있다. 경제자유야말로 시민적 자유는 물론이요 정치발전의 선결조건이다.

# 5장
# 숙의민주주의

숙의민주주의는 시장경제의 대안으로 하버마스를 중심으로 하는 신 좌파가 1990년대에 제시한 정치적 이념이다.

시장경제는 소외 불평등 같은 사회문제를 야기하기 때문에 좋은 사회가 될 수 없고 공적 영역에서 시민들 사이의 원활한 소통을 통해서 정치적 이슈를 토론하고 숙고하고 심의하는 정치적 포럼이 중요하다는 게 그런 좌파의 인식이다.

숙의민주주의자들은 어떻게 자본주의를 비판하는가, 자본주의 대안으로 그들이 제시한 숙의민주주의의 이념적 내용은 무엇인가를 설명하고 그런 대안의 문제점을 밝히고자 한다.

# 숙의민주주의의 정치적 이상

우선 흥미로운 것은 숙의민주주의가 등장한 사상적 배경이다. 그 배경은 숙의민주주의자들이 이해하고 있는 자유주의의 인간관에 대한 불만이다. 그들은 자유주의의 인간관을 극복하고 '소통적' 인간관으로 대체하려고 한다.

**자유주의에 대한 비판:** 자유주의는 사회에 앞서 개인들의 선호와 이를 실현하는데 필요한 지식이 주어져 있다는 전제에서 출발한다는 게 숙의민주주의자들의 해석이다. 사회적 관계가 없는 고립된 인간을 전제한다고 한다.

자유주의는 인간은 사회가 존재하기 전에 이미 합리적이라는 전제를 깔고 있다고 한다. 그래서 자유주의가 추구하는 제일의 목적은 개인적 선호의 효율적 충족을 가능하게 하는 사회제도의 실현이라는 것이 좌파의 인식이다.

자유주의에 대한 좌파의 그 같은 비판이 매우 흥미롭다. 전지(全知)하고 고립된 원자적 인간으로 구성된 사회는 개인들의 합 이상이 아니라고 비판하면서 인간 이성과 이해력은 사회에 앞서 이미 주어진 게 아니라 사회적 과정에서 형성된 것이라고 주장한다. 인간 이성은 역사적으로 개발된 공동체의 산물이고 언어와 같이 사회제도는 인간들 상호간의 현상이라는 게 숙의민주주의의 통찰이다.

합리성은 사회적 의미 이외의 어떤 것으로도 이해할 수 없고 마찬가지로 개인의 선호도 본능적인 것을 제외하고는 제도의 맥락 이전에 존재할 수 없고 사회의 내생적 변수로 이해해야 한다고 숙의민주주의자들은 큰 소리 친다.

따라서 숙의민주주의 옹호자들은 정치경제학의 일차적 과제는 이미 주어진 개인적 선호의 효율적인 충족을 위한 메커니즘을 다룰 게 아니라 그런 선호와 이를 충족하기 위한 지식을 형성하고 소통하는 제도를 다루어야 한다고 주장한다.

숙의민주주의자들은 합리적이고 이기적, 원자적 인간을 전제로 하는 자유주의의 제도적 장치는 공공영역을 메마르게 만들고 정치적 안건이나 과제를 깊이 생각하고 논의할 수 있는 진정한 사회 조건을 위태롭게 한다고 주장한다. 정치참여의 비율이 줄어들고 사회 신뢰를 해체하여 냉소주의, 책임회피, 무임승차 행동이 지배하는 이유도 그런 경제자유주의 때문이라고 한탄한다.

따라서 개인의 자유와 자율이라는 자유주의 이상의 잠재력을 충분히 개발하기 위해서는 정치적 토론과 심의를 거쳐 만든 법과 제도를 통해 경제자유를 엄격히 제한해야 한다는 게 숙의민주주의자들의 주장이다. 이런 주장에는 인간 이성은 민주적 심의를 통해서 자생적으로 형성되는 시장과정을 엄격히 규제하고 통제할 수 있는 지적 능력이 있다는 믿음이 깔려 있다.

더구나 경제자유주의는 재산과 신분의 차이에서 야기되는 불평등 효과를 무시한 나머지 돈과 권력이 시민들의 행동들을 조정하는 주요수단이 되고 시민들은 타인들의 목적을 위한 전략적 수단 그 이상이 아니라는 게 자본주의에 대한 숙의민주주의자들의 인식이다. 경제자유주의에 대한 이 같은 포괄적인 비판에서 그 대안으로 제시된 게 숙의민주주의이다.

**숙의민주주의의 내용**: 소득분배, 기업규모, 기업입지, 금융배분, 고용, 환경 등 경제·사회문제를 모든 사람들이 함께 모여 깊이 생각하고 숙고하여 공개적인 토론을 거쳐 결정하고 결과를 집행하는 게 숙의민주주의이다.

외부의 간섭이나 계획이 없이 자생적으로 형성되는 시장과정 대신에 토론하고 심의하는 의식적인 정치과정의 결정을 통해서 계획적이고 의식적으로 인간들의 경제사회적 삶을 조정해야 한다는 이념이 숙의민주주의이다.

민주적 심의 제도의 특성은 다음과 같이 세 가지로 나눌 수 있다.

첫째로 그것은 이해관계자들이 모두 참여하여 공개된 토론과정을 통해서 관점, 견해, 이론 등 주관적 인지들을 자유롭게 서로 소통하기 위한 틀이다.

둘째로 그런 틀은 모든 사람들에게 똑같이 적용할 추상적인 행동규칙, 즉 어떤 목적을 규정하는 게 아니라 강제, 허위, 조작, 위협, 협박, 사기, 기만 등과 같은 특정의 행동을 금지하는 행동규칙들로 구성된다. 그런 틀 내에서는 어떤 지배자도 없이 자유로운 담론이 지배하는 상태이다.

셋째, 그런 담론과정은 사람들의 선호와 가치를 실현하기 위한 수단과 수단에 관한 지식을 학습할 수 있다. 소통행위는 이론과 선호의 가치를 가르치고 배우는 학습과정이다. 이런 과정을 통해서 사람들은 그들의 지적 시계(視界)를 넓힐 수 있다. 서로 새로운 분석과 해결책을 알리는 계기가 될 수 있다.

숙의민주주의에서 소비자 대신에 시민 개념이, 시장에서처럼 싫으면 다른 공급자에게로 등 돌리는 탈출 메커니즘 대신에 비판하고 반대하는 항의 메커니즘이 등장한다.

상위계층은 의사결정에서 보다 큰 영향력을 행사하는 등 시장의 부의 불평등은 소통과정을 왜곡할 우려가 있기 때문에 심의적 의사결정 전에 그런 불평등을 제거해야 한다. 이로써 숙의민주주의는 실질적 평등을 요구한다.

숙의민주주의의 문제점은 무엇인가? 그것이 자유와 번영을 약속하는 정치체제를 가능하게 하는가? 우선 주목하는 것은 숙의민주주의는 시장경제를 매우 크게 오해하고 있다는 점이다.


## 두 가지 종류의 합리주의

숙의민주주의의 결함을 논의하기에 앞서서 우리가 분명히 해야 할 점은 지성사의 양대 산맥을 구성하는 두 가지 종류의 계몽주의를 구분해야 할 필요가 있다는 것이다. 하나는 데카르트의 고전적 합리주의에서 비롯되어 홉스(Th. Hobbes), 벤담(J. Bentham)등이 확립한 전통의 프랑스 계몽주의이다.

다른 하나는 스미스(A. Smith) 등, 고전적 자유주의를 확립한 스코틀랜드 계몽주의 전통이다. 이 전통은 오늘날 신자유주의의 거성으로 알려진 하이에크, 뷰캐넌 등에 의해 계승되고 있다.

숙의민주주의자들의 비판대상은 114쪽의 도표에서 볼 수 있듯이 이기적이고 고립된 합리적인 인간을 전제하는 프랑스 계몽주의의 인간관이다. 인간은 행동하기에 앞서서 사회에 들어가기 전에 이미 모든 것을 잘 알고 있다는 것이다.

이런 인간을 전제하고 이론을 전개한 철학자는 존 롤스이고 주류 경제학의 후생경제학이다. 그들은 프랑스 계몽주의 전통의 구성주의적 합리주의를 계승하고 있다. 이에 따르면 인간은 자신의 삶을 위해서 필요한 완전한 지식을 가지고 있을 뿐만 아니라 사회적 차원에서도 사회제도를 인위적으로 고안하여 사회를 임의로 조직할 수 있는 완벽한 지식을 가지고 있다는 것이다. 이는 세상에 대한 완벽한 지식을 요구하는 것이어서 불가능하며, 이성의 힘을 과대평가한 환상이다.

그러나 스코틀랜드 계몽주의 전통의 자유주의가 전제한 인간은 자기 완료적인 고립된 인간이 아니다. 이 전통에서 사회와 독립적인 고립된 인간의 존재는 상상할 수 없다. 인간은 사회를 떠나 고립하여 존재할 수 없다고 본다.

더구나 인간은 완벽한 지식을 가질 수 없다는 게 그 전통의 탁월한 인식이다. 사회적 관계 속에서 지식을 습득하고 모방하고 테스트하는 등 학습하는 것이 인간이다. 학습을 통해서 개인 자신이 발전해 간다. 사회관계 속에서 도덕적 행동도 개발하고 테스트하고 모방하고 학습한다. 인간이성은 사회적 과정의 결과로 이해한다.

그런 의미에서 스코틀랜드 전통의 인간관은 진화론적 합리주의다.

이는 현재 하이에크와 뷰캐넌이 대변하고 있는 합리주의이다. 개인의 차원만이 진화론적인 게 아니다. 법, 도덕, 관습, 시장, 언어 등 인류에게 유익한 제도들은 인간의 이성을 통한 계획에 의해서 만든 게 아니라 (뒤에 가서 자세히 설명하겠지만) 유익한 것은 선별되고 나쁜 것은 도태되는 등 장구한 역사적 걸러내기 과정에서 성장하고 진화한다는 게 진화사상이다.

더구나 인간들은 행동을 결정하는 구체적이고 특수한 사실들을 다 알 수가 없기 때문에, 원활한 사회 작동을 위해 필요하고 가능한 것은 일반적인 원리 또는 규칙뿐이다. 이런 규칙과 제도는 순전히 자연적인 것도 아니고 인위적인 것도 아닌 자생적인 것이다.

그런 자생적 질서 사상은 스코틀랜드 계몽주의의 진화사상이다. 현대의 그런 진화사상의 대표자는 하이에크이다. 그의 사상을 진화론적 자유주의라고 부르는 이유다.

흥미롭게도 숙의민주주의는 소통을 거쳐 학습하고 배우는 소통적 인간을 전제하는데 그런 인간관은 진화론적 합리주의 전통의 인간관과 일치한다. 그런데 뒤에 가서 설명하겠지만 숙의민주주의자들은 그런 인간관을 시장경제를 통제하는 규칙과 제도를 인위적으로 만드는 임의정치에 적용하고 있다.

# 시장의 소통체계와 자생적 질서

우리가 주목하는 것은 시장경제야말로 숙의민주주의자들이 주장하는 소통적 합리성을 전제하는 소통체계라는 점이다.

선호 수단에 관한 지식, 세상에 관한 지식이 완전히 주어져 있다는 전제에서 출발하는 합리주의에는 한계가 있다는 하버마스를 비롯한 숙의민주주의자들의 주장은 전적으로 옳다. 이기적이고 원자적 인간관에 대한 그의 비판도 옳다. 그런 비판은 자유주의에 대한 공동체주의의 비판과도 동일하다

그런 인간관을 가지고는 시장의 역동적인 진화과정을 설명할 수도 없을 뿐더러 특히 시장의 거대한 소통체계, 진정한 자유주의를 정당화할 수도 없다.

**진화론적 합리성과 소통적 합리성** : 지금까지 시장경제와 경제자유주의를 위한 가장 중요한 논거는 이성의 좁은 도구적 설명에 의존하는 게 아니었다. 그 논거는 스코틀랜드 계몽주의 전통에 따른 진화론적 합리주의였다. 이는 시장경제의 소통적 기능을 명시적으로 강조하는 합리주의이다.

그런 합리주의에서는 인간을 이기적이고 효용을 극대화하는 인

| 스코틀랜드 계몽주의 전통 | 프랑스 계몽주의 전통 |
|---|---|
| 진화론적 합리주의 | 구성주의적 합리주의 |
| 흄, 스미스, 몽테스키외, 하이에크 | 데카르트, 벤담, 밀, 케인스, 롤즈 |
| 사회적, 진화적 인간관 | 고립된, 이기적, 합리적 인간관 |
| 정의의 규칙을 통한 자생적 질서 | 명령지시에 의한 인위적 질서(조직) |
| 미래는 열려있다. | 미래를 미리 정해 놓는다. |
| 진짜 개인주의 (진짜 자유주의) | 가짜 개인주의 (가짜 자유주의) |

**진화론적 합리주의와 구성주의적 합리주의**

간으로 가정하지 않는다. 주어진 선호를 최적화하는 인간도 아니다. 이런 인간을 전제하는 시장은 자원을 배분하는 기계일 뿐이다. 살아 있는 인간, 서로 배우고 학습하는 인간이 사는 세계가 아니다

선호 목표와 같은 평가적 요소는 물론이요, 사고방식·이론·관점을 말하는 인지적 요소들은 시장에 참여함으로써 비로소 배워 습득하는 것이다. 시장 참여자들의 주관적 상호작용의 결과라는 것이다.

스코틀랜드 계몽주의 전통의 정치경제학은 추론과 이성은 사회적 맥락 이전에 존재한다고 가정하지 않는다. 사회적 과정 속에서 형성되고 개발된다는 점을 강조한다. 인간이 살아가는 사회적 과정 속에서 우리의 가치와 희망 그리고 세계에 관한 지식을 비교하고 평가하고 타인들의 성공과 실패로부터 배우고 학습한다. 이런 과정이 소통 과정이고 발전이다.

**자생적 질서와 진화론적 합리주의** : 인간은 완전한 지식을 가지고 있어서 법, 시장, 언어, 도덕, 사회구조를 계획하여 만든 게 아니라는 걸 직시할 필요가 있다. 목적의식을 가지고 계획하여 만들지 않았다는 의미에서 인위적인 것도 아니라는 뜻이다. 또 언어처럼, 그런 제도는 인간 본능으로부터 나온 자연적인 것도 아니다.

따라서 사회이론의 목적은 인간 개인들의 계획적인 행동이 의도하지 않은 결과로 만들어진 사회구조들의 의미를 설명하는 데 있다는 하이에크의 말에 귀를 기울일 필요가 있다. 하이에크는 그런 구조를 자생적인 것이라는 제3의 개념을 도입한다.

언어, 화폐, 사유재산 제도를 만들어 낸 사람은 아무도 없다. 그들은 성공적인 것이 확산되고 모방되는 과정, 즉 진화과정을 통해서 형성된 것이다. 그런 제도가 승리한 이유는 인간들에게 편익을, 삶의 개선을 가져다주기 때문이다. 그런 편익은 사람들이 관찰을 통해서 배운 것이다.

특정한 규칙을 지키는 인간그룹이 번창하고 성장하는 모습을 보고 모방한 것이다. 그들은 그런 행동규칙이 어떻게, 왜 그런 소망스런 결과를 가져오는지를 알지 못한다.

─ 어느 한 사람이 도둑질하지 않고 자기 땅을 개간하고 곡식을 심는 등

생산에만 종사하는 것을 보고 다른 사람도 그런 모습을 답습하는 과정에서 재산의 존중, 생산 활동에 대한 가치 같은 도덕이 형성되었다.

  ─그룹 내의 교환을 다른 그룹에까지 확대하는 경우 그 그룹이 번영하고 성장하는 모습을 보고 그런 행동을 학습하고 모방한다.


  정의는 인간이성이 계획하여 만든 게 아니라는 흄의 주장도 그런 자생적 질서를 말해준다. 인간은 그런 규칙을 만들 수 있는 지적 능력이 없다는 이유에서다. 오히려 이성은 시장에서 얻는 다양한 경험을 통해서 비로소 가능하다는 게 그의 믿음이다. 정의는 본능에서 생겨난 것도 아니라고 한다.

  하이에크는 정의는 이성이나 본능의 산물이 아니라 진화의 선물이라고 주장하여 진화 사상을 개발한다. 그 사상은 인간사회의 유익한 제도들은 인간들이 자신들의 이익을 추구하는 과정에서 '자생적으로' 형성된다는 생각이다. 어느 한 사람이 타인의 재산을 침해하지 않는 새로운 행동을 반복적으로 행할 경우 후자도 그런 행동을 모방한다. 모방을 통해서 그런 행동이 확산되어 그 결과, 의도치 않게 재산 존중 도덕이 형성된다는 게 흄의 설명이다.

  새로운 행동의 등장과 모방을 통한 확산을 뜻하는 진화과정을 통해서 재산과 계약 관련 법, 도덕, 언어, 시장, 분업적 생산방식 등 행

동규칙들이 형성된다는 게 스코틀랜드 계몽주의의 진화론적 주장
이다.

자생적 질서의 인식론적 관심은 복잡성의 조건, 인간정신의 인지적
한계로 개인들이 법, 시장, 언어, 도덕 등 사회구조를 의도적으로 창출
한 게 아니라고 본다. 사회 내에서 행동하기 위해서 문법 규칙을 수용
하듯이 인간들은 그런 규칙을 수용했다. 의식적으로 규칙의 성격, 내용,
효과를 생각하지 않고서 말이다. 순전히 결과를 보고서 수용한 것이다.

**시장경제와 소통체계**: 이 맥락에서 주목하는 것은 인간 이성의 구
조적인 무지의 세계에서 시장과 가격시스템이 갖는 장점이다. 이는
개인의 합리성이 아니라 초개인적인 과정이다. 이는 결코 서로 만나
본 일이 없는 수많은 정신과 분산된 사람들이 가진 지식과 행동을
배울 수 있게 한다는 점이다. 이것은 사회주의를 통해서는 달성할
수 없다.

시장경제에는 두 가지 중요한 기능이 있다. 첫째로 시장은 자생적
조정 메커니즘이다. 인간들은 서로 상이한 행동들을 상호간 순응하
고 조정한다. 그런 조정에서 중요한 역할을 하는 게 교환행동에 의
해 야기되는 상대가격의 구조이다.

그런 구조에 적응함으로써 외부의 인위적 개입이 없이도 그런 수

많은 사람들의 행동들이 서로 조정된다. 외부의 개입이 없다는 의미에서 그런 조정은 자생적 행동 조정이다. 시장에서 자생적으로 행동질서가 형성된다는 뜻이다. 행동조정과 행동질서의 결과는 성장, 번영, 고용 등으로 구현된다.

자생적 행동조정과 반대되는 게 인위적 조정이다. 명령과 지지를 통해서 개인들의 업무, 기업들의 생산입지, 투자량, 생산, 원료공급처, 원료조달처, 금융배분 등을 지정한다.

계획경제에서처럼 계획위원회가 인위적으로 생산과 고용, 투자 등을 조정하기 위해서는 그 위원회는 모든 개인과 기업들이 추구하는 가치, 목표, 그들의 생산능력, 개인들이 처한 상황 등 모든 관련 지식을 알아야 한다. 그러나 지속적으로 변동하는 개인과 기업들의 상황에 접근할 수 있는 인지적 능력의 한계 때문에 그런 인위적 조정은 가능하지 않다.

특히 중요한 것은 시장경제의 두 번째 기능인데 시장은 기업과 개인들 상호간의 학습절차 다시 말하면 소통체계로서 작동한다는 점이다. 시장과정은 사람들이 생각, 지식, 선호, 아이디어들을 서로 테스트하고 평가하고 배우고 학습하는 과정이다.

공급 측에서는 새로운 가격, 신상품, 신기술, 새로운 조직형태 등과 같이 혁신을 통한 새로운 지식을 창출한다. 그 결과 가격을 경유하여 생겨나는 이익과 손실을 다른 공급자들은 인지한다. 이렇게 성공적인 지식은 모방하고 실패와 같은 오류를 제거하는 방법을 배운다.

수요측도 광고, 선전, 상품목록 등을 통해서 새로운 가격 공급을 경험하고 구매를 배운다. 이런 배움 속에서 어떤 욕구가 바람직하고 욕구를 값싸고 신속하게 충족하는지 배운다. 더구나 여가를 어떻게 활용하는지도 배운다. 사람들과의 접촉을 통해서 새로운 삶의 방식도 습득한다.

따라서 경쟁시장은 지식을 발견하기 위한 사회적 수단이요 지식의 소통메커니즘이라고 볼 수 있다. 뒤에 가서 설명하겠지만 언어적 소통, 비언어적 소통, 암묵적 소통 등 시장에서의 소통방법은 매우 다양하다. 언어적 소통은 구매자와 판매자간의 대화를 통한 다양한 지식의 소통이다.

비언어적 소통은 가격을 통한 소통이다. 가격은 수백만의 인간들의 의견, 생각, 가치들을 전달한다. 암묵적 지식까지도 가격을 통해 전달된다. 암묵적 소통은 타인들의 행동에 대한 관찰을 통한 소통이다.

그렇기 때문에 하이에크가 시장을 거대한 소통체계라고 말하는 것은 결코 과장이 아니다. 흥미로운 것은 시장질서의 이런 소통체계를 무시하고 스코틀랜드의 계몽주의 전통과 동일한 소통적 합리성을 적용하여 정치질서를 소통체계로 만들려는 숙의민주주의자들의 의도다. 그런 의도가 성공할 것인가? 심의정치가 시장경제만큼 소통적 합리성을 달성할 수 있는가? 이 문제는 정치학자 마크 페닝턴(M. Pennington) 등 많은 학자들이 다루었다. 이 글에서는 숙의민주주의에 대한 한계를 설명한 그들의 논리를 재구성할 것이다.

## 정치적 참여, 기회비용, 대의제

숙의민주주의는 흥미롭게도 자아는 사회의 종속변수라는, 다시 말하면 상황과 결부되어 있다는 자아개념을 그리고 개인이나 기업이 가진 지식은 상호간 배워 습득한 주관적 성격이 있다는 지식 개념을 강조한다.

    숙의민주주의와 진화론적 자유주의는 이런 인식론적 배경을 공유하고 있다. 그러나 흥미롭게도 그런 인식론을 적용하는 대상에서 차이가 있다. 진화론적 자유주의는 소통의 사회적 과정으로서 시장의 중요성을 강조하는 데 반하여 숙의민주주의는 개인들의 정치적 접촉과 담론의 핵심인 정치적 과정을 중시하고 있다.

따라서 정치적 심의의 제일 목적은 무엇을 공동의 의지, 공동의 목표로 여길 것인가를 정하기 위해 사람들을 모이게 하는 것이다. 따라서 시민들의 참여가 매우 중요하다. 정치학자 로버트 달과 똑같이 숙의민주주의자들도 효과적인 참여를 위한 실질적 기회평등의 실현을 강조하는 것은 결코 우연이 아니다.

그러나 그런 기회의 평등이 이루어진다고 해도 참여의 문제가 해결되는 게 아니다. 왜냐하면 정치적 참여는 정보탐색과 정보소통과 관련하여 기회비용을 야기하기 때문이다. 그런데 사람마다 그 비용이 서로 다르고 그래서 정치적 심의에 참여할 의욕과 자세가 사람마다 서로 다르다.

우리의 경험에 비추어 볼 때, 자기 일에 매우 바쁜 기업인, 회사 사람들, 장사하는 사람들, 노동자 등의 참여율이 비교적 낮은 이유는 참여에 따르는 기회비용이 매우 크기 때문이다. 여가가 많은 말 잘하는 정치건달, 정당인, 이익단체의 간부 등이 참여율이 높은 이유는 기회비용이 낮기 때문이다. 역시 정치적 참여로부터 자긍심을 얻지 못하는 사람들도 정치적 무관심에 빠진다.

정치적 담론의 참여도 공공재화적 성격이 있다. 정치적 담론에 참여하고 선택 대안들을 충분히 이해하고 정치인의 행동을 통제하는

데 따르는 투자의욕은 별로 크지 않다. 민주주의에서 그런 집단적 선택의 비극이 있다는 자유주의자들의 비판에 귀를 기울일 필요가 있다.

그러나 시장경제에서는 그런 비극은 없다. 소비자들, 생산자들은 시장에 참여하고 잠재적인 거래 파트너의 욕구, 이를 효율적으로 충족시킬 수단에 관한 지식의 습득에 투자할 동기가 강력하게 작동한다.

물론 시민들 중에는 정치적 정보 수집에 투자하고 비공식적인 소통망에 가담하여 정치적 영향을 행사하는 사람들도 있다. 그들은 정치적 정보를 많이 앎으로써 자긍심, 타인들의 존중, 참여의 즐거움을 얻는다. 그러나 시장에서만큼 참여와 지식습득 동기가 강력한 것은 아니다.

흥미로운 것은 숙의민주주의는 의사결정 비용 때문에 필연적으로 참여자의 수를 줄일 필요가 있다는 사실이다. 의사결정 참여자의 수가 많으면 많을수록 개인들의 발언 기회의 감소라는 형태의 비용, 설득비용 등이 문제가 되기 때문이다.

그러나 시장에서는 시장참여자의 수는 결코 문제가 될 수 없다. 어느 한 군데로 모이는 게 전혀 아니기 때문이다.

더구나 지속적인 담론과 정보에 근거한 의사결정을 위해서는 대의제가 필요하다. 다양한 이해관계를 대변할 대표자들로 구성된 특별한 입법기관이 필요하다.

그런 입법기관의 구성과, 그리고 입법 그 자체에 강력한 영향을 미치는 게 이익집단들이다. 그들은 이슈 개발, 이슈를 이해하기 위한 지식을 공급하고 다양한 방법으로 여론을 설득하여 자신들의 이슈가 여론의 주목을 끌게 만든다. 그들은 자신들의 대표자를 입법의 구성원으로 만들려고 한다. 이익집단들은 입법부에 영향을 미쳐 자신들에게 유리한 정치적 담론이 이루어지게 만든다.

따라서 숙의민주주의가 강력한 이익집단, 특정한 지역, 산업에 유리한 입법과 정책을 공급하는 협상민주주의로 전락할 위험성이 존재한다는 공공선택론의 비판은 지극히 타당하다. 맨슈어 올슨이 지적하듯이 그런 민주주의는 이익집단을 형성하지 못한 그룹이나 다수의 형성에 도움이 되지 않는 그룹 산업을 차별하는 민주주의다. 그 결과는 나중에 설명하겠지만 '민주주의의 타락'이다.


## 숙의민주주의의 인식론적 한계

숙의민주주의의 목적은 정치적 목적, 공동의 의지를 정하고 이에 필요한 법과 제도를 만들기 위해서 시민들을 정치적 담론의 장으로 끌어들이는 것이다. 공동의 복지에 봉사하는 제도는 공동의 의지가 없다고 해도 자생적으로 생겨난다는 진화사상은 조직화된 정치적 담론에 참여한 사람들에게는 전혀 생각할 수 없다.

따라서 숙의민주주의라는 그 이름 자체에서 이미 구성주의적 합리주의의 태도가 자연스럽게 생겨난다. 이는 심의에 참여한 사람들이 인간들의 복잡한 상호관계들을 완전히 이해하고 이를 토대로 복지를 증진할 법과 제도를 만들어 낼 수 있다는 믿음이다.


**의식적·계획적 조종의 한계**：사람들이 자신들의 경제 사회 문제를 개별적으로 시장을 통해서 해결하는 게 아니라 집단적으로 계획을 통해서 해결하는 경우에만 자유롭고 그 인성의 진정한 실현이 가능하다는 게 숙의민주주의자들의 인식이다.

칼 마르크스의 믿음을 답습하고 있는 그런 인식에서 무의도적이고 초개인적인 익명성의 시장경제는 소외를 초래한다고 주장한다. 그런 소외에서 해방되기 위해서는 의식적인 집단행동으로 전환해야 한다고 목소리를 높인다.

그런 집단행동이 의도적이고 계획적인 심의를 통한 정치이다. 이런 정치를 통해서 시장의 자생적 질서를 조직으로 전환하는 게 숙의민주주의의 의도다. 불특정의 수많은 사람들이 참여하여 의견을 개진하고 평가하는 등 심의를 거친 법과 제도를 통해서 시장경제를 규제해야 한다는 뜻이다.

그러나 그런 주장은 사회적 차원에서도 사회제도를 인위적으로 고안하여 사회를 임의로 조직할 수 있는 완벽한 지식을 가지고 있다는 믿음을 말하는 구성주의적 합리주의의 미신에서 비롯된 것이다.

복잡한 사회를 의식적으로 정치적 목적에 합당하게 조직할 수 있으려면 모든 관련 요소들이 어떻게 상호작용을 하는가에 관한 완전한 지식을 필요로 한다.

숙의민주주의자들은 관련된 모든 사람들이 사회적인 심의포럼에 모여서 자기 생각, 선호 등을 자유로이 개진하면 완전한 지식을 갖는데 장애물이 없고 경제를 계획하고 조직하는데 따르는 인식론적 문제는 해결할 수 있다고 믿고 있다. 그러나 심의위원회가 관련 행위자들간의 관계를 전부 파악하는 것은 불가능하다. 복잡한 사회를 구성하는 요소들간의 관계가 너무도 복잡하기 때문이다. 심의절차를 거치기 위해서는 저녁시간도 휴식시간도 없을 정도로 시민들은 끊임없이 심의회에 참석해야 한다. 심의회의의 만능주의에 빠질 뿐이다.

숙의민주주의자들은 가격이 없으면 어떤 계획도 불가능하다는 것을 이해하지 못하고 있다. 옛 소련과 동유럽의 사회주의 계획경제, 1960~70년대 스웨덴과 독일의 복지국가가 지식의 문제 때문에 패망했다는 사실을 이해하지 못하고 있는 것은 매우 유감스럽다.

지식의 문제 때문에 수백, 수천만 명의 계획과 행동을 인위적으로 조정하는 게 불가능하기 때문에 시장경제의 자생적 조정에 의존할 수밖에 없다. 시장에서는 결코 만나본 일도 없고 타인들의 상황을 전혀 알 수도 없는 수많은 개인들 그리고 기업들끼리 상호조정이 가능하다. 자생적으로 시장에서 형성되는 관련 가격구조의 변화가 그런 조정을 가능하게 한다. 그런 조정과정의 모습은 너무도 복잡하고 범세계적으로 방대하기 때문에 이해하기도 어렵고 재구성하기도 불가능하다. 가격시스템은 물론 불완전하기는 하지만 수많은 사람들의 상호 연관된 결정의 기초가 되는 지식을 전달한다.

가격만이 아니다. 행동을 조정하는 역할을 수행하는 게 또 있다. 시장경제는 사람들이 공동으로 지키는 수많은 행동규칙들로 구성되어 있다. 시장경제는 구성원들이 공동으로 협력하여 달성할 공동의 목표가 없다. 그 대신에 공동으로 지키는 행동규칙이 있다.

그런 행동규칙을 지키기 때문에, 그리고 나침반의 역할을 하는 가격과 함께 인간들의 행동이 외부의 간섭이 없어도 자생적으로 조정되어 혼란이 없이 질서가 형성된다.

그런 행동규칙은 도덕, 종교규칙, 상 관행, 상 관습 등 일반적 추상적 성격을 가지고 있다. 그들은 수많은 사람들이 닦아온 오랜 역사적 진화과정에서 형성되었다.

그러나 시장의 자생적 조정을 의식적이고 계획적인 조정으로 바꿀 경우 시장의 자생력을 파괴하고 결국은 파국으로 이끈다. 그 결과는 이미 앞에서 설명한 옛 소련의 계획경제의 붕괴, 독일과 스웨덴의 복지국가의 붕괴이다. 인위적 조정이 파국을 초래한 사례로 1930년대의 세계 대공황, 2008년 미국 발 금융위기는 이미 잘 알려져 있다. 그럼에도 그런 파국을 자본주의 탓이라고 말하는 것은 지식의 결핍 때문이다.


**언어적 소통의 한계**: 숙의민주주의가 강조하는 소통은 말로 표현하거나 글로 쓴 지식의 소통이다. 명시적 지식만이 소통의 대상이다. 의견을 개진하고 토론하고 심의하는 과정이기 때문이다.

그러나 시장에서의 소통관련 지식은 말로 표현하거나 글로 쓰기 어려운 암묵적 성격의 지식이다. 특정 재화에 부여된 상대가치, 재주, 능력, 재치, 착상, 기업가 정신 등은 언어로 소통이 가능하지 않다.

개인들이 재화들을 각기 구성하고 있는 상이한 요소들의 가치들을 비교하고 평가하여 말로 표현하기가 곤란하다. 평가에 필요한 지식이나 평가 결과는 그의 선택행위를 거쳐 가격에 구현된다. 가격은 수많은 사람들의 암묵적 지식을 반영한다.

아이디어에 관한 지식도 인간의 머릿속에만 존재할 뿐이지 말로 표현하거나 글로 쓰기가 곤란하다. 창조적 기업가 정신의 핵심을 구성하는 지식은 바로 암묵적이다. 그러나 숙의민주주의는 명시적인 언어적 소통체계에만 의존한다. 이는 말이나 글을 이용하여 이루어지는 사회적 학습과정이다. 시장에서는 언어적 소통도 물론 작동한다. 계약과 흥정을 할 때, 구매에서 판매자의 도움이 필요할 때 그 소통은 언어적이다. 광고 선전 등은 언어적이다.

그러나 중요한 것은 시장의 비언어적·암묵적 소통체계이다. 그것은 타인들의 행동을 관찰하고 모방함으로써 이루어지는 사회적 학습이다. 성공과 실패의 결과를 보고 타인들의 행동을 배운다. 그 성공과 실패의 배후에 있는 게 말로 표현할 수 없는 암묵적 지식이다. 이는 교환 재주 같은 사회적 행동을 통해서만 표출된다. 모방 과정을 거쳐 타인들에게 전달한다.

모방을 통한 암묵적 지식의 전달 이외에도 시장경제는 가격을 통한 암묵적 지식의 전달이 가능하다. 사고파는 행동의 무의도적인 결과로서 형성되는 가격들은 말로 표현할 수 없는 지식을 전달하는 탁월한 지식 소통 수단이다. 전달하는 지식은 그 지식을 소유한 사람들이 의식할 필요도 없다.

지식의 소통을 가능하게 하는 것은 행동규칙들의 존재이다. 시장경제는 사람들이 공동으로 지키는 수많은 행동규칙들로 구성되어 있다. 이들은 오랜 역사적 경험을 구현한 것이다. 행동규칙들 중에는 암묵적인 것들이 있다. 이들은 행동을 통해서 표현된다. 사람들은 그런 행동을 관찰하여 암묵적으로 소통한다. 어떤 상징을 통해서도 소통이 가능하다. 말로 표현된 규칙들도 지식을 전달한다.

주목할 것은 행동규칙을 통해 전달되는 지식의 대부분은 적극적인 지식이라기보다는 해서는 안 될 행동이 무엇인가에 관한 소극적 지식이라는 점이다. 시장에서 성공적인 행동을 하기 위해서는 적극적 지식 못지 않게 소극적 지식도 중요하다. 행동규칙을 통해서 전달되는 그런 지식의 존재 때문에 인간들은 타인들의 행동가능성을 예상할 수 있다.

따라서 시장의 제일의 덕은 자원 배분의 효율성이 아니라 지식소통과정의 탁월성이다. 그러나 숙의민주주의는 말로 표현할 수 없는 사회적 지식은 고려할 수 없다. 의도적인 집단적 계획, 의도적인 행동조정을 중시하는 것처럼 소통의 언어적 형태를 편애하고 있는 게 숙의민주주의이다.

그러니까 정치적 심의 과정에서는 별로 중요한 내용도 없으면서 말을 잘하는 사람이 인기가 있다. 참신한 의견을 가지고 있지만 암묵적이고 말을 못하는 사람의 의견을 반영하기는 어렵다.

숙의민주주의에서는 사회적으로 분산된 지식을 소통하고 배우기 위해서는 관련 사회적 포럼에 이해관계자들을 동원해야 한다. 그 포럼이 수용할 능력은 한계가 있다. 이해관계자 수십만, 수백만 명을 수용할 시설이 부족하기 때문이다.

그러나 시장은 사회적으로 분산된 지식에 의존하기 쉽다. 시장참여자들이 재화나 서비스, 노동 또는 경력을 선택할 때 그 선택의 기초가 되는 암묵적 지식은 가격 시스템에 전부 반영된다. 지식의 변동이 있을 때마다 사람들은 변동된 암묵적 지식을 가격을 통해서 그때 그때마다 전달한다. 그런 전달에는 한계가 없다.

## 숙의민주주의 대신에 자유주의를!

심의정치가 필요로 하는 것은 부와 신분의 불평등으로 왜곡되지 않은 평등사회이다. 시장경제는 부의 불평등이 재생되기 때문에 포용이 용납될 수 없어서 합리적인 소통이 가능하지 않다는 게 숙의민주주의이다. 그래서 부의 축적을 막아야 한다고 주장한다.

심의정치는 재분배를 지향하는 복지국가, 자본가와 나란히 노동자, 원료공급자 등 기업에 대해 이해관계를 가진 자들이 기업결정에 참여하는 이해관계자 자본주의, 경제력 집중을 이유로 한 대기업 규제 등 다양한 간섭주의를 정당화한다.

집단적 의사결정을 통해서 넘어설 수 없는 사적 영역이 없다. 모든 사안을 심의적인 집단적 의사결정에 맡긴다. 심의정치로부터 형성되는 것은 무엇이든 법으로 인정한다. 심의정치의 입법을 막을 장치가 없다. 그 결과는 국가권력의 비대화이다. 사법과 공법의 엄격한 구분도 없다. 심의정치는 공공영역을 줄이는 게 아니라 시장을 비롯한 사적 영역의 범위와 복잡성을 줄이고 있다.

그러나 간섭주의로는 우리가 처한 저성장의 문제를 해결할 수 없고 오히려 그 문제를 더욱 심각하게 만든다는 것을 직시해야 한다. 오늘날 우리에게 필요한 것은 현대의 복지국가에서 팽창한 정부지출 정부부채를 줄이고 첩첩이 쌓인 규제덩어리를 해소하고 공기업을 민영화하는 등 공공부문의 규모와 복잡성을 줄이는 일이다.

이런 식으로 정치의 부담을 줄이고 지식의 이용과 축적을 가능하게 하는 사적영역을 확대하여 오늘의 문제를 해결할 수 있다. 심의정치를 통해서는 복잡하고 방대한 지식의 축적과 이용을 다룰 수 없다. 심의정치는 얼굴을 마주하는 사회, 언어를 통해서만 소통할 수 있는 사회에서만 가능하다.

중요한 것은 그런 단순한 사회 대신에 열린 사회, 거대하고 복잡한 세상을 다룰 수 있는 정치적 이념이다. 그 이념이 진화론적 합리성, 즉 소통 합리성을 전제한 진화론적 자유주의라고 여긴다.

그런 자유주의는 국가는 물론이요, 타인들의 강제, 폭력, 행동 방해, 사기, 기만, 인격의 침해 등으로부터 개인의 자유, 인격, 재산을 보호하는 취지를 가진 법만을 법으로 인정하는 법치주의를 핵심으로 한다. 법치를 통해서 사적 영역을 보호하는 게 자유주의이다.

그런 법치의 확립 속에서만 자유가 신장되고 분산된 지식의 이용과 지식의 축적과 확산이 가능하다. 그렇다고 해서 숙의민주주의 자체를 부정할 필요는 없다. 자유주의 테두리 내에서 엄격히 제한된 국가의 역할이 있기 때문이다. 즉 법의 지배원칙에 해당되는 정의로운 행동규칙을 찾을 때 그리고 시장에서 해결할 수 없는 공공재화의 산출 등과 관련된 정책 결정에서 심의정치가 매우 중요할 수 있다.

심의정치의 인지적 능력과 조직 능력에 한계가 있기 때문에 심의정치를 정의로운 행동규칙에 초점을 맞추는 게 합리적이다.

# 4부

# 자유민주주의

사회·복지민주주의와 같이 애초에 서로 독립적인 개념을 조합한 것이 자유와 민주의 합성어, 자유민주주의이다. 자유와 민주 개념이 왜, 언제부터 조합되어 사용됐는가? 이 질문에 대한 답은 알 수 없지만 좌파의 사용법을 모방한 것일지도 모르겠다.

흥미롭게도 자유민주주의의 개념도 다양하다. 자유민주주의는 민주주의와 근본적으로 다르지 않다는 주장이 있다. 민주의 이념을 완성해 개인의 자유를 보호하는 게 자유민주주의라고도 한다. 민주가 목적이고 자유는 수단이라는 뜻이다. 이는 민주주의의 왜곡이고 자유주의와 민주주의의 혼동이다.

좌파진영은 자유민주주의가 냉전시대에는 반공주의를 정당화했고 오늘날에는 시장의 자유를 강조하는 신자유주의일 뿐이라고 주장한다. 따라서 자유를 빼고 민주주의만을 사용해야 한다고 목소리를 높인다. 사회민주주의는 사유재산권을 인정하면서 평등분배를 추구하기 때문에 자유민주주의 이념을 포괄하고 있다는 주장도 있다. 그런 주장에서 중요한 문제는 자유민주주의에서 경제자유를 배제하거나 아니면 이것은 있어도 되고 없어도 된다는 식으로 의미를 홀대하여 시장경제의 존재가치를 흔들고 있다는 점이다.

# 1장
# 자유주의와 민주주의의 차이

자유민주주의의 의미를 제대로 파악하기 위해는 자유주의와 민주주의가 어떻게 서로 다른가를 분명히 할 필요가 있다. 그렇지 않고서는 자유민주주의가 민주주의와 다르지 않다는 주장, 민주의 완성을 위해 개인의 자유를 보호해야 한다는 주장 등이 틀렸다는 사실을 알수가 없다.

## 개인적 자유와 정치적 자유

자유주의와 민주주의를 동일시하는 경우가 있다. 이런 경우는 자유를 '정치적 자유'로 이해하는 데에서 비롯된 것이다. 정치적 자유란 국민이 자신의 정부를 선택하고 입법과정과 행정부를 통제하는 과정에 참여하는 자유를 말한다.

앞에서 설명한 숙의민주주의가 전제하는 자유 개념도 정치적 자유로 이해되고 있다. 심의와 집단적 의사결정을 통해서 익명의 무계획적 시장의 억압으로부터 개인과 사회를 해방하는 걸 최고의 목표로 여긴다.

그런 자유는 집단적 자유이다. 이는 고대 그리스에서 이해하던 자유 개념이고 루소 전통의 프랑스 계몽주의가 강조하는 개념이다. 참정권을 자유의 핵심으로 여긴다. 그런 자유 개념을 전제하면 자유민주주의는 민주주의와 동일하게 보인다.

그러나 자유주의가 추구하는 자유는 그런 자유가 아니라 개인으로서 각자가 누리는 자유이다. 이는 강제나 기만, 사기, 폭력, 행동방해 등이 없는 상태를 말한다. 개인적 자유는 한편으로는 경제자유와 그리고 다른 한편으로는 언론·출판·표현의 자유, 학문의 자유와 생각의 자유 등 시민적 자유(civil liberty)로 구분한다.

개인적 자유를 중시하는 것이 애덤 스미스, 몽테스키외, 칸트 그리고 하이에크로 이어지는 자유주의 전통이다. 이런 자유를 무시하고 자유를 정치적 자유로만 이해하기 때문에 자유민주주의와 민주주의를 동일하게 여기고 있다.

자유를 정치적 자유로 이해하는 경우 민주주의가 형성한 일체의 상황은 자유로운 상황이 될 것이다. 그러나 히틀러의 나치즘과 루스벨트 대통령의 뉴딜정책에서 볼 수 있듯이 수백만 명이 투표를 통해 폭정에 예속된 사례를 보면 국민이 자신의 정부를 선택하는 사회에 산다고 해서 그가 반드시 개인으로서 누릴 자유가 많다고 볼 수 없다. 반대로 투표권이 없는 미국의 외국인들이나 젊은이들이 정치적 자유가 없기 때문에 개인적 자유를 누릴 수 없다고 말할 수도 없다.


## 민주주의의 반대는 권위주의

자유주의와 민주주의의 차이는 그들 각각의 반대를 생각하면 가장 또렷하게 드러난다. 하이에크(F. A. Hayek)가 1960년 『자유의 헌법』에서 지적하고 있듯이, 자유주의의 반대는 전체주의요, 민주주의의 반대는 권위주의이다.

따라서 자유주의 국가는 반드시 민주국가일 필요가 없다. 스위스는 최근까지만 해도 여성의 선거권이 없었다. 그럼에도 그들은 개인의 자유를 마음껏 향유했다. 싱가포르는 권위주의 정부만 있을 뿐정기적인 선거나 선거를 통한 입법부의 구성 또는 입법권을 가진 의회도 없다.

싱가포르의 리콴유, 중국의 등소평은 통치자를 선거로 뽑는 제도가 없다는 의미에서 권위주의 정부를 이끌었다. 그럼에도 그들은 시장개혁과 개방정책을 특징으로 하는 자유 자본주의를 지향하는 정책을 폈다.

보통·비밀선거를 통해 집권과 재집권을 결정하는 제도적 장치로서 민주주의가 철저히 지켜진다고 해도 그 결과는 전체주의가 될 수있다. 그 대표적 예가 독일의 히틀러와 미국의 루스벨트 대통령이다. 그들은 보통·비밀 선거를 통해 선출되었고 그래서 그들의 정부는 민주정부이지만 그들의 정책은 히틀러의 민족사회주의(나치즘)와 뉴딜 정책과 같이 자유를 유린하는 전체주의 정책이었다.

따라서 민주주의도 전체주의적 폭력을 행사할 수 있기 때문에 그것은 독재만큼이나 무서운 것이다. 반면에 권위주의라고 해도 자유주의 원칙에 따라 법도 정하고 정책도 실시할 수 있다.

그렇다고 해서 민주주의가 없어도 된다는 뜻은 결코 아니다. 이미 앞에서 설명한 바와 같이 피를 흘리지 않고서도 집권자를 교체할 수있다는 장점뿐만이 아니라 정치적 선호의 형성에서 소수의 의견이 다수의 의견이 될 수 있는 기회가 열려 있다는 장점이 있다.

그런 중요한 장점이 있기 때문에 민주주의는 고귀한 가치이다. 그렇다고 해서 민주주의를 복지, 분배평등 등과 동일하게 보면 안 되는 것처럼 민주주의를 개인적 자유와 동일시할 수 없다.


## 민주주의는 법의 원천을 중시

민주 이념은 공권력은 누가 행사해야 하는가의 문제를 다룬다. 다시 말하면 민주정치는 국가권력의 원천을 중시한다. 공권력이 누구에게 속하는가, 누구로부터 나와야 하는가를 다룰 뿐이다.

그 원천이 국민 다수의 찬성이다. 그래서 민주는 다수의 지배(rule of majority)를 의미한다. 주권재민 사상은 권력의 원천을 표현한 대표적 개념이다. 민주 이념은 국가권력의 원천에 대한 문제를 다루기 때문에 공공영역은 무엇이어야 하는가에 대한 문제와는 관련이 없다.

그러나 자유주의는 권력의 원천이 무엇이든, 권력을 행사하는 자가 국민이든 독재자든 다수의 국민이든 그 주권 행사의 한계를 설정하거나 권력행사를 제한하는 일, 또는 권력행사의 내용이 무엇이어야 하는가의 문제를 다룬다. 중요한 것은 그런 주권은 다수라고 해도 절대적일 수 없다는 것이다. 개인에게는 국가가 간섭할 수 없는 권리가 있다는 원칙이 자유주의다.

요컨대 민주는 공권력의 원천을, 자유주의는 공권력의 제한을 다루는 이념이다. 이를 법 개념에 적용한다면 자유주의에서의 법은 다수의 지지를 받아야 마땅하지만 그런 법이 반드시 바람직한 법이라고 보지 않는다. 법의 내용이 중요하다는 뜻이다.

그러나 민주정치란 무엇을 법으로 승인해야 할 것인가를 결정하는 절차에 관한 원칙이다. 민주정치는 법의 원천과 관련되어 있다. 즉, 다수의 지지를 받은 것이면 그 내용이 무엇이든 법으로 인정한다. 다수가 원한다는 사실만으로 그것은 좋은 법이 될 충분한 근거라고 여긴다.

법에 대한 민주주의 인식은 법의 내용을 묻지 않고 법을 입법자의 의지로 여기는 법실증주의와도 상통한다. 이 법 사상은 인간이 의도적으로 계획을 세워 만든 것이 아니라 사회 속에서 단지 '발견'될 수 있을 뿐인 규칙의 존재를 부정한다. 모든 법을 인간의지의 의도적인 명령으로 파악하는 게 법실증주의이다. 그래서 교조적 민주사상은 법실증주의 사상과 일치된다.

자유주의는 다수의 지배를 집단적 의사결정의 한 방법으로 수긍하지만 그런 절차가 법의 좋고 나쁨을 결정하는 권위로 인정하지 않는다. 자유주의의 목적은 다수가 특정의 원칙을 지키도록 설득하는

데 있다. 그 원칙은 법치주의 민법과 공법의 엄격한 구분 등이다.


## 자유주의는 법의 내용을 중시

국가행위가 필요한 경우에 그 결정은 다수에 의해 이루어져야 한다는 점에서 자유주의는 민주주의와 일치한다. 그러나 민주적 결정에 근거할 국가행위의 범위와 관련하여 둘은 서로 다르다. 교조적 민주주의는 될 수 있는 대로 많은 쟁점이 집단적으로 결정되는 것이 바람직하다고 여긴다. 이런 사상은 앞에서 설명한 좌파적 민주주의이다. 왜곡된 민주주의이다. 이는 민주주의의 과잉을 불러온다.

그러나 민주주의는 국가의 범위와 관련하여 명확한 한계가 없다. 민주주의자는 어떤 다수든 그 다수가 스스로 어떤 권력을 가지며 어떻게 행사해야 할지 결정할 권리를 소유하고 있다고 여긴다. 따라서 다수가 무제한의 권력을 가지고 있다고 볼 수 있다

그러나 자유주의자는 어떤 권력이든 장기적 원칙에 따라 제한되는 게 옳다고 믿는다. 일시적인 다수의지의 단순한 행사로부터가 아니라 공동의 원칙에 대한 폭넓은 합의에 기초하기 때문에 다수의 결정이 권위를 갖는다.

자유주의자는 다수결에 의해 결정될 사안들의 범위에 명확한 한계가 있다고 믿는다. 그 한계를 설정하는 게 법의 지배, 그리고 사법과 공법의 구분이다. 사적 자치를 핵심으로 하는 사법사회(private law society)의 기초가 되는 법은 정의로운 행동규칙의 성격을 가진 법이다.

이 맥락에서 법치원칙을 설명할 필요가 있다. 이는 법의 내용을 말해주기 때문이다. 법치란 법이 어떠해야 하는가에 관한 원칙이며 특수한 법들이 지녀야 하는 일반적 속성에 관한 것이다.

의회에서 적법절차를 통해서 제정되었다고 해서 그것이 무엇이든 법이라고 볼 수 없다. 적법절차를 거쳤다고 해도 정의의 행동규칙에 해당되지 않는 법은 법이라고 볼 수 없다.

그런 행동규칙은 첫째로 모든 사람들에게 예외 없이 보편적으로 적용될 수 있어야 한다. 인허가처럼 특정 그룹에게 우호적이거나 차별하는 내용이 있어서는 안 된다. 그것은 특혜와 차별이 있어서는 안 된다는 뜻이다. 비록 일부 사람만이 지닌 특성과 관련된 법이라 하더라도 그런 법의 구별이 특권이나 차별이 아니라면 자의적인 차별이 아니다.

만약 그 집단에 속하는 사람들만 그런 구별을 옹호한다면 특권이고, 집단 밖의 사람만 옹호하는 구별은 차별이다. 이런 대표적인 법이 중소기업 적합업종 제도이다. 중소기업에게는 특권이다. 중견기업이나 대기업 측에서 보면 그런 제도는 차별이다. 기업의 준법을 감시하고 조언하기 위해 기업들이 법률서비스 전문가를 고용해야 한다는 준법지원제도도 그런 서비스 전문가들에게는 고용특혜이다.

둘째로 목적이나 동기를 내포하고 있지 않은, 그래서 탈목적적인 행동규칙이다. 이런 의미에서 추상적이다. 정부의 집단적 목표를 달성하기 위한 법은 그런 성격을 침해한다. 이는 정치적 목적을 위한 수단이 된다. 대표적인 예가 복지를 위한 재분배정책이다.

셋째로 특정의 행동을 금지하는 내용을 가진 행동규칙이다. 국회가 법을 정할 때에는 그런 성격을 가진 것만이 법이라고 부를 수 있다. 다수의 지지를 받았다고 해서 모두가 법이 아니다. 그런 성격의 법을 집행할 경우에 동원되는 국가의 강제권이 정당하다.

중요한 것은 그런 정의의 법을 통해서 보호받아야 할 것은 자유와 재산이라는 것이다. 어떤 물질적 대상에 배타적 소유, 자유로운 이용 처분을 확신하지 못하면 개인들은 일관된 행위계획을 수행하기가 불가능하다.

그래서 그런 법이 금지하는 행동은 자유와 재산을 침해하는 강제와 폭력뿐 아니라 사기와 기만 등이다. 그런 행동은 피해자의 여건을 조작하여 타인의 목적에 봉사하게 만들기 때문이다. 물론 어

떤 행동을 정의롭지 못한 행동이라고 금지할 것인가는 논쟁의 대상
이다.

재화와 서비스의 공급과 관련된 규제정책, 분배정책, 산업정책,
복지정책 등의 집단적 목적을 위한 법은 모두 법치원칙을 위반한 것
이다. 그런 정책을 수행하려면 사법주체들을 자의적으로 차별할 수
밖에 없고 국가의 집단적 목적을 위해 사법주체들을 수단으로 만들
기 때문이다. 그리고 그런 간섭은 시장의 원활한 작동을 방해한다는
것도 직시할 필요가 있다.

법치원칙에 해당되는 정의의 추상적, 보편적 규칙은 구체적 규칙
이나 명령과 달리 수법자에게 특정한 목표와 그에 따른 특정한 행
위방법을 지시하는 것이 아니라, 사법주체들 그 안에서 스스로 투자
입지 생산을 결정하고 수행할 틀을 제공한다. 그래서 그 틀은 의사
결정의 기초가 되는 여건의 일부가 된다. 그런 틀은 주로 사법을 구
성한다.

공법은 정부에게 할당된 인적 물적·자원의 이용과 관련된 법이
다. 행정법이나 정부조직법 등 이런 법은 특정의 구체적인 목적을
내포하고 있다. 공법은 국가의 서비스 기능 행사와 관련된 법이다.
서비스 기능이란 도로, 교통, 항만시설, 도량형, 선별적 복지 관련법
을 말한다.

삼권분립, 법의 지배, 그리고 사법과 공법의 구분 등 세 가지 위대한 자유주의 원칙이 발전하는 역사적 과정에서 흥미롭게도 괴상한 미신이 생겨났다. 그것은 국가를 민주적으로 통제하기만 하면 자의적인 권력행사로부터 보호하기 위한 모든 다른 조치는 불필요하다는 것이다. 여기에서 하이에크가 말하는 "무제한적 민주주의", 스위스의 유명한 자유주의자 뢰프케(W. Röpke)가 비판했던 대중민주주의가 등장했다.

그런 민주주의를 천박한 대중민주주의로 전환시킨 장본인은 앞에서 설명한 좌파의 왜곡된 민주주의 그리고 개인의 자유까지도 민주주의를 위한 수단으로 여기는 이념이다.

그런 대중민주주의는 사회의 궁극적인 규범과 원칙을 무시하면서 모든 것을 다수결에 맡기는 천박한 이념이다. 이것은 18세기 프랑스 혁명을 거쳐 19세기 보편적 선거, 그리고 20세기에는 히틀러와 뉴딜을 불러들였다. 그리고 그것은 국가를 복지국가, 평등사회를 위한 혁명의 도구로 만들었다.

그 같은 믿음이 지배하자 법이 타락되기 시작했다. 이제 법은 정의의 규칙의 의미를 상실하고, 특정한 국가목적을 위한 정치적 수단이 되었다. 입법자가 정한 것이면 무엇이든 법이라고 부르게 되었다. 공법과 사법의 엄격한 구분이 흐려지다가 점차 공법의 우위성을 강조한다. 공법적 사유에 의해 경제를 조직하는 '처분적 법률'이 지배하게 되었다.

18~19세기 스코틀랜드 계몽주의 전통의 법률가들이 생각했던 법 개념과 법의 역할이 변화되었다. 그들이 이해한 법에서 법의 역할은 국가에 대해 개인을 보호하는 것이었다.

법은 국가의 자의적인 권력으로부터 개인들을 보호하고 시민들의 관계를 안내하는 장기적으로 안정적인 행동규칙을 의미했다. 이런 법 규칙은 특정한 행동을 당연 금지하여 어느 누구도 침범할 수 없는 영역을 확립하는 역할을 한다. 그러나 그 같은 이해가 변동되어 법은 법에 예속된 사람들이 어떻게 행동해야 하는가에 대한 지시나 명령으로 이해하게 되었다. 지시나 명령의 성격을 가진 법은 특정한 정치적 목적을 달성하기 위한 수단이다. 이런 법은 자생적 질서를 조직으로 전환한다. 다시 말하면 사법사회를 공법사회로 만드는 것이다.

민주주의를 다수의 지배로 이해하고 인민 주권에 무제한 권력을 부여함으로써 생겨난 게 제한 없는 민주주의, 과잉된 천민 민주주의이다. 그 대표적인 게 앞에서 설명한 4가지 왜곡된 민주주의이다. 이런 민주는 자유와 정면으로 충돌한다.

과잉 민주주의가 어떻게 작동하여 자유주의와 충돌하는가의 문제를 야기하는가에 대한 문제는 공공선택론에서 상세히 다루고 있다. 이는 뒤에 가서 다루기로 하고 이제는 자유민주주의라는 틀 속에 경제자유와 시장경제가 차지하고 있는 위상과 자유민주주의에 대한 몇 가지 오해를 설명할 것이다.

# 2장
# 시장경제와 자유민주주의

좌파진영은 자유민주주의에서 경제자유를 빼거나 이를 경시하려고 한다. 그러나 빼서는 안 될 이유가 아주 많다. 첫째로, 경제자유를 말하지 않고는 번영의 역사를 설명할 수 없다.

둘째로, 경제자유와 시장경제의 발달은 시민적 자유의 발전을 야기한다. 셋째로, 경제적 자유야말로 시민적 자유와 상호작용하여 이성의 발전을 가져온다. 그리고 마지막 네 번째로, 시장경제의 발전은 민주주의 발전의 중요한 전제조건이다.

이 같은 네 가지 이유 때문에 경제자유의 중요성은 아무리 강조해도 지나치지 않는다. 그리고 그것은 자유민주주의의 본질적 요소이다.

# 경제자유 없이 번영의 역사를 설명하기가 곤란

경제자유와 시장경제를 빼고는 인류의 번영은 물론이요 한국사회의 발전도 말할 수 없다. 인류가 척박한 원시사회를 극복하고 문명된 길로 접어들게 된 배경은 사유재산의 형성과 시장의 발달이었다. 맬서스의 인구법칙의 극복을 가능하게 한 것도 경제자유와 사유재산제를 기반으로 하는 시장경제였다. 이를 잘 말해주는 게 세계 1인당 소득의 변동을 나타내는 그림이다. 인류의 원시사회로부터 1800년까지 세계 1인당 소득(세계 전체인구를 가지고 세계의 전체소득을 나눈 것)은 큰 변동이 없었다. 1인당 소득 수준은 겨우 생존할 만한 수준이었다는 것이 일반적인 견해다. 침팬지나 기타 동물들의 생활수준과 차이가 없었다는 것이다. 인류 역사에서 거의 발전이 없었던 것이다. 동물적 삶이었다고 말해도 무방하다.

그러나 1800년 이후를 보자. 세계 1인당 소득은 급진적으로 증가하여 오늘날에는 8,000달러에 육박하고 있다. 1700년대부터 인류 역사상 새로운 변동을 맞이한 것이다. 동물적인 삶, 즉 생존수준을 극복하여 삶의 여유를 가질 만큼 소득이 증가하기 시작한 것이다. 다시 말하면 인류가 평균적으로 문명된 삶이 시작된 것은 1800년 이후이다.

이 대목에서 두 가지 문제가 제기된다. 즉, 1800년을 전후하여 소득 수준의 차이를 가져다 준 것은 무엇인가의 문제와 그리고 인간과 동물을 구분해주는 것은 무엇인가의 문제이다. 그 대답은 사유재산과 시장경제의 발달이다. 1800년대부터 본격적으로 시장경제의 발달과 세계적인 확산이 이루어지기 시작했다.

언어와 도구를 사용하는, 그리고 생각하는 동물이라는 점에서 인간을 다른 동물과 구분하는 것이 일반적이다. 그러나 인류가 1800년까지는 동물적인 삶에서 벗어나지 못한 것을 보면 그런 구분은 충분하지 않다.

경제학적으로 보면 인간과 다른 동물의 차이는 시장경제의 존재 여부이다. 인간세계야말로 다른 동물세계가 갖지 못한 시장경제를 가진 것이다. 그리고 이것이 인류에게 번영을 가져다준 것이다. 우리가 주목해야 할 것은 동물과 똑같은 야만적 삶을 극복하고 문명된 삶을 가능하게 한 것이 시장경제라는 것이다.

경제자유를 말하지 않고는 번영을 말할 수 없다는 것을 통계학적으로 보여준 것이 프레이저연구소의 세계경제자유지수 연구이다. 경제적 자유가 많을수록, 다시 말하면, 정부지출이 적을수록, 기업이나 금융에 대한 규제가 적을수록, 소득도 증가하고 실업도 적어지고 부패도 없고 삶의 만족도와 행복지수도 높아진다.

경제자유를 말하지 않고는 한국 사회의 경제적 번영도 설명할 수 없다. 1960년대 1인당 70달러의 빈곤을 극복하고 경제적 위상이 세계의 상위권으로 격상된 것, 이것은 경제자유와 사유재산제 때문이었다.

조선왕조 500년은 경제에 대한 정부통제와 간섭으로 점철되었다. 일제 30년, 특히 1939년 중·일전쟁을 계기로 한국 경제는 전시경제였다. 기업 활동은 정지되었고 인적 물적 자원은 전쟁에 동원되었다. 이 시기는 자유도 민주도 없는 전체주의 시대였다. 해방 후에도 경제자유와 재산권의 중요성을 강조했지만 실행은 아주 미흡했다. 그래서 경제자유나 시장경제의 발전 수준은 해방 이전이나 다름이 없었다.

과거와 비교하여 상대적으로 경제자유가 크고 기업의 활동이 왕성해지기 시작한 것은 60년대 박정희 정부시대 이후이다. 경제적 자유와 무역의 자유가 점차 커지면서 일자리도 늘어나고 소득도 성장하는 등, 경제적 번영이 확대되었다.

박정희 정부시기에 경제활동이 자생적으로 이루어졌고 수출산업이 민간기업의 주도에 의해 자생적으로 확대되었다. 유정호, 김정호가 보여주고 있는 것처럼, 박정희 시대의 경제적 성공은 관치경제나 정부주도 발전모델이 아니라 과거에 비하여 상대적으로 큰 경제자

유와 시장경제에서 그리고 수입대체산업이 아니라 수출지향적 개방
정책에서 찾아야 한다는 것이다.

그래서 경제적 자유를 뺀 자유민주주의는 번영의 역사에 대한 이
해를 위해서는 물론이요, 장차 한국사회의 헌정 질서를 위해서도 불
행한 일이 아닐 수 없다.

## 경제자유는 시민적 자유의 보루(堡壘)

대부분의 지식인들은 시민적 자유는 제한해서는 안 되고 경제자유

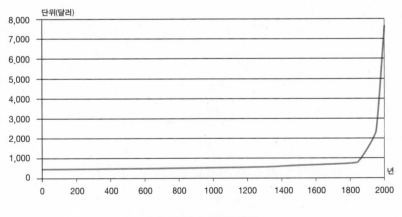

**세계 1인당 소득의 변동**

는 제한해도 된다는 생각을 가지고 있다. 그래서 자유민주주의 개념에서도 경제자유를 경시하고 있다. 이것은 경제자유를 억압해도 시민적 자유에 아무런 영향이 없다는 전제에서 나온 것이다. 그러나 이는 착각이다. 경제자유는 시민적 자유의 보루라는 것을 직시할 필요가 있다.

경제자유를 상실하게 되면 다른 자유도 잃어버린다는 진실을 하이에크의 유명한 저서 『노예의 길』은 잘 보여준다. 경제적 자유의 제한은 의견의 자유, 신앙의 자유, 언론의 자유와 같은 시민적 자유의 제한을 초래한다는 것이다. 예를 들면 외환거래에 대한 국가통제는 산업자유의 통제와 전체주의를 부른다. 외환통제는 정부를 비판하는 사람의 해외탈출을 봉쇄하는 수단이다. 외국의 잡지나 신문 또는 서적 구입을 봉쇄하는 수단이다. 출판과 인쇄의 국가독점도 마찬가지로 언론의 자유와 사상의 자유 또는 신앙의 자유를 제약하는 중요한 수단이다.

만약 국가가 인쇄와 언론 매체의 독점적 소유자라고 한다면 언론·출판의 자유는 아무런 쓸모가 없다. 자유로운 매체의 반향이 없이는 의견의 자유와 시위의 자유가 미치는 영향과 효과는 대폭 감소한다. 수송수단이 국가에 의해 독점된다면 거주 이전의 자유 또는 주거 선택의 자유는 있을 수 없다. 필요한 공간을 국가가 할당할 권한을 가지고 있다면 집회의 자유는 있을 수 없다.

간섭주의가 심하면 심할수록 기업들은 정부의 정책을 비판하기가 그만큼 더 어려워진다. 정부의 말을 듣지 않는 기업들, 정부의 간섭주의 정책을 비판하는 기업들에 대한 세무조사가 대표적인 예다. 자유주의를 지향하는 언론 매체나 또는 시민단체를 지원하는 기업들에 대하여 세무사찰을 감행하여 기업인들의 정치적 선호의 표현을 억압한다. 따라서 경제자유가 적으면 적을수록 국가가 다른 자유를 억압할 수 있는 여지가 그만큼 커진다.

이와 같이 경제자유를 억제하는 국가는 개인의 자유권 전체를 위태롭게 한다. 하이에크가 정확히 표현하듯이, '부(富)의 생산을 통제하는 것은 인간생활 그 자체를 통제하는 길'이다. 달리 표현하면 경제자유가 허용될 경우에만 시민적 자유도 향유할 수 있다. 경제자유와 시장경제는 국가의 전지전능의 횡포를 막기 위한 대항력으로 작용한다. 그것은 국가권력을 억제하는 기능을 행사하고 이로써 시민적 자유를 보호하는 역할을 한다. 시장경제는 시민적 자유의 보루(堡壘)이다.

시장경제가 자유의 보루라는 것은 역사적으로도 입증된다. 시장경제가 없던 구(舊) 소련과 동유럽의 사회주의 계획경제에는 언론의 자유도, 표현의 자유도 없었다. 시장경제야말로 자유주의 국가의 선구자이다. 봉건사회의 폭정을 극복한 것도 시장의 자유였다. 신분에 따라 토지를 소유하고, 법 적용의 차별과 사회구조의 불평등을 극복하고 법의 지배(법치)의 실현도 시장경제로부터 나왔다.

그래서 자유주의의 선구자는 경제자유이지 시민적 자유가 아니라고 말할 수 있다. 경제자유와 경제적 번영은 언론, 표현의 자유와 의견의 자유, 신앙의 자유 등 시민적 자유를 광범위하게 확산시켰고 그 자유를 활성화하는 데 기여했다.

요컨대, 경제자유는 시민적 자유의 보루이기 때문에 자유주의의 핵심이요 자유민주주의의 본질이다. 시장경제는 자유주의 국가의 선구자이다. 그래서 시장경제 없는 자유주의는 자유주의라고 말할 수 없다.

## 경제자유는 이성(지적 능력)의 발전을 위한 원동력

경제자유가 자유민주주의의 본질이요 자유주의의 핵심이라는 것을 보여주기 위해서 철학적인 영역을 다룰 필요가 있다. 시민적 자유와 관련된 언론, 의견, 사상, 표현은 생각 또는 사고(思考)와 관련되어 있다(그래서 시민적 자유를 정신적 자유라고도 부른다.). 사고 과정은 견해, 아이디어, 의견을 토론하고 교환하고 변형하고 이런 저런 말투로 바꿔 표현하는 과정이다.

그런데 견해, 아이디어 등 사고 과정의 산물을 현실에 적용하고 응용하는 행동이 있다. 이것이 행동의 자유이다. 행동의 자유를 구성하는 가장 중요한 요소가 경제자유이다. 사고 과정의 산물을 응용하고 적용하고 테스트하는 행동은 실제와 부딪치는 행동이다.

따라서 행동은 아이디어, 견해나 의견의 옳고 그름, 적절 또는 부적절을 판별하는 과정이다. 경험적으로 검증하는 과정이다. 경험적으로 유예될 수 있는 아이디어와 견해가 어떤 것인지, 실제로 오류가 어떤 것인지를 발견하는 과정이다. 그래서 행동의 자유는 실사구시와 밀접한 관련이 있다.

시민적 자유와 행동의 자유(즉 경제적 자유)는 어떤 관계가 있는가? 이는 생각과 행동의 관계에 대한 문제이다. 생각이 없는 행동과 행동이 없는 생각은 아무런 의미가 없다. 실천이 없는 생각, 실천 없는 아이디어는 공리공론에 지나지 않는다. 사고와 행동은 분리할 수 없는 하나의 통일체이다. 사물을 판단할 수 있는 우리의 능력(이성)의 발달, 즉 이성의 발달은 행동과 사고의 연속적인 상호작용의 결과이다. 새로운 아이디어, 새로운 견해 또는 새로운 의견은 생각과 행동의 상호작용의 결과이다. 행동과 사고의 상호작용과정에서 우리의 이성이 개발된다.

따라서 생각하는 지적활동만 중요하고 행동을 무시하는 것, 그리고 시민적 자유만을 중시하고 경제자유와 같은 행동자유를 무시하는 것, 이것은 건축물의 꼭대기만 중요하고 그 아래 부분은 중요하지 않다고 말하는 것과 동일하다. 경제자유와 같은 행동의 자유를 무시하고 시민적 자유만을 중시하는 것은 행동이 없는 생각과 같은 것이다.

탐구의 자유, 신앙의 자유, 토론과 언론의 자유는 새로운 진실이 발견되는 마지막 단계에서야 비로소 중요하다. 그 전 단계에서는 행동의 자유가 중요하다. 왜냐하면 새로운 견해, 새로운 아이디어의 원천은 기존의 아이디어와 견해를 현실에 적용하고 실천하는 행동이기 때문이다. 말만 하고 토론만 하고 의견만을 교환하고 이런 저런 말투로 바꾸어보는 것만으로는 아무런 소용이 없다. 행동의 자유의 중요성과 관련한 하이에크의 말은 핵심을 찌른다.

"지적인 과정은 이미 형성된 아이디어들을 정교하게 만들고, 좋다고 여기는 것들을 선별하고 나쁘다고 여기는 것들은 제거하는 과정이다. 그런데 새로운 아이디어들은 행동과 물질적 현상이 서로 만나는 영역에서 흘러나온다. 자유를 지적인 영역에만 적용할 경우에는 그들이 없어져 버린다."

극단적으로 말한다면, 말하고 토론하고 의견을 교환하는 정신적 과정에서 발견되는 것은 말 잘하는 사람이 누구인지, 누가 가장 인상적으로 말을 하는지, 어떤 아이디어가 가장 미학적이고 웅변적인지, 어떤 아이디어가 가장 논리적으로 부합하는가를 발견하는 과정일 뿐이다.

'행동하는 인간'도 생각하는 인간과 똑같이 인간의 본질이듯 경제자유도 자유주의의 본질이요 동시에 자유민주주의의 본질이다.


## 경제자유는 민주주의 발전을 위한 전제조건

경제자유를 말하지 않고는 민주주의 발전도 설명할 수 없다. 경제자유와 시장경제는 민주주의 발전의 전제요, 원동력이기 때문이다. 어떻게 경제자유가 민주 발전을 가져왔는가?

시장경제의 핵심은 선택할 자유이다. 사람들은 시장에서 스스로 결정하는 법을 배웠다. 시장 활동을 통해서 타율과 간섭이 좋지 않다는 것도 배웠다. 이때 그들은 사적 선택을 정치적 분야로 확대하는 것도 배웠다. 정치적 의사결정에 참여할 필요성, 이른바 정치적 자유의 필요성도 절감했다.

더구나 경제자유는 정치적 자유와 민주주의를 요구하고 이를 관철할 수 있는 힘을 가진 세력을 키웠다. 경제적으로 성공한 각종 기업가, 노동자, 자본가 계층이 그것이다. 이들은 전통적인 권위주의에 대항하여 정치적 자유를 관철했다.

이와 같이 시장경제의 발전은 민주주의의 생성과 그 발전으로 이어졌다. 마이클 노박(M. Novack)의 말이 명쾌하다. "국민 개개인의 인권을 보호하는 지구상의 모든 민주주의는 사실상 자유로운 자본주의 경제를 기반으로 한다."

김광동의 말과 같이 시장경제는 '민주주의의 조건'을 제공했다.

역사를 보면 시장의 자유가 발전한 조건에서 시민적 자유가 발전되었고 이어서 정치적 자유와 함께 민주주의가 성립되는 단계를 거쳐 발전했던 것이다. 그래서 보비오(R. Bobbio)가 1990년 저서 『자유주의와 민주주의』에서 개인의 자유는 민주주의 발전의 선결조건이고 말한 것은 정곡을 찌르는 말이다.

시장경제의 발달과 경제적 번영과 함께 비로소 시민적 자유와 정치적 자유가 정착되었다는 유럽문명의 역사적 사실은 한국 사회에도 그대로 적용된다. 우리 사회는 경제적 번영과 함께 점진적으로 참정권을 의미하는 정치적 자유도 누릴 수 있었다. 프리덤 하우스가 보여주고 있듯이 오늘날에는 미국이나 영국, 독일 등 어떤 사회에 못지 않게 민주주의가 발전했다. 이 같은 정치발전은 경제자유와 경제적 번영 덕분이라는 것을 직시할 필요가 있다.

경제자유가 봉쇄되었고 빈곤이 지배하던 인도사회는 경제자유가 없고 빈곤이 만연한 사회에서 정치적 자유와 민주 발전은 기대할 수 없다는 것을 단적으로 보여준다. 벤자민 프리드먼도 그의 유명한 2006년 저서 『경제성장의 도덕적 귀결』에서 경제자유와 경제적 번영은 공정성, 공동체감, 사회적 이동성, 관용과 관대함 등 도덕을 강화할 뿐만 아니라 민주발전에도 중요하다는 것을 강조한다.

한국 사회도 경제자유와 시장경제의 바탕이 없었다면 민주주의는 부패로 얼룩졌을 것이다. 시장경제를 가진 민주주의, 이런 민주주의만이 안정적으로 작동할 수 있다.

결론적으로 말해서, 경제자유와 시장경제를 말하지 않고는 민주발전을 말할 수 없다. 그래서 자유민주주의의 본질은 자유경제이다.

# 3장
# 자유민주주의에 대한 오해

자유주의와 민주주주의의 차이와 시장경제의 위상을 설명했다. 이 설명을 기초로 하여 자유민주주의에 대한 몇 가지 오해를 불식할 수 있다.

## 자유민주주의가 사회민주주의를 포함하는가?

자유민주주의가 사회민주주의를 포괄한다는 주장이 옳은가? 그 같은 주장은 자유민주주의에 대한 논쟁에서 좌파들의 동의를 이끄는 데에는 효과가 있었을지 모른다. 그러나 자유민주주의를 그렇게 이해한다면 이는 착각이요, 한심한 주장이다. 그 이유를 설명하자.

자유민주주의는 제한된 민주를 통해서 개인의 자유와 재산을 보호하는 것을 목적으로 하는 이념이라는 것을 염두에 두어야 한다. 그러나 사회민주주의는 민주주의를 통해서 사회주의 목표인 평등분배를 실현하려는 이념이다. 시장경제의 분배 결과를 시정하기 위해 시장경제에 대해 끊임없이 정부가 개입할 것을 주장한다. 민주주의를 평등이라고 보는 시각은 이 같은 사회민주주의에서 나왔다.

사회민주주의는 생산수단의 소유를 인정하기 때문에 자유민주주의에 포함할 수 있다고 한다. 그러나 평등분배의 실현을 위한 국가의 간섭은 개인의 재산에 대한 사용권, 처분권, 그리고 용익권을 국가가 수용하는 결과를 초래한다. 그래서 생산 수단의 사적 소유는 명목적 소유일 뿐이다. 알맹이는 사회민주주의의 이름으로 정부가 다 가져가고 껍질만 남은 사적 소유이다.

사회민주주의는 자유민주주의와 다른 이념이요 다른 체제다. 그것은 시장경제와도 전혀 화합할 수 없다. 따라서 자유민주주의가 사회민주주의를 포용하고 있다는 주장은 자유민주주의라는 숭고한 이념을 오염시키는 사회주의적 주장이다.

# 반공주의는 자유민주주의의 핵심

인류에게 극단적이고 어려운 고통을 준 체제는 첫째로 '자유민주주의'에서 자유를 뺀 민주주의 체제이다. 이는 나치즘, 사회민주주의 등 선거를 통해 선출된 정부이다.

그 두 번째는 자유민주주의에서 자유와 민주를 모두 빼버리는 경우이다. 빼버린 결과는 전체주의이다. 이 같은 체제에서는 개인의 자유로운 삶이나 경제활동은 허용되지 않는다. 권위적인 정부의 계획을 통해서 경제와 사회가 조직된다. 개인보다 전체가 중요하다. 개인은 전체를 위한 수단일 뿐이다. 사회주의, 파시즘, 공산주의, 북한의 인민민주주의 등이 그 같은 체제에 속한다.

이 같은 체제에서는 경제적 자유뿐만 아니라 종교·양심·출판·언론의 자유, 학문의 자유 등 '시민적 자유'도 없는 것은 물론이다. 북한체제나 쿠바 그리고 구(舊) 소련이나 동유럽의 사회주의 국가에서 볼 수 있는 체제인데, 특히 김정일 체제를 선망의 대상으로 여기는 부류가 홍진표 등의 공동저서 『친북주의 연구』가 보여주고 있듯이 우리나라의 각계각층에 준동하고 있는 '친북주의자들'이다.

회고하건대, 한국 사회는 반공주의를 명분으로 자유민주주의를 강조했다. 그래서 좌파는 자유민주주의를 냉전시대의 유물이라고 펌훼하면서 자유를 뺄 것을 요구한다. 그러나 반공주의는 남용되기도 했지만, 그것은 사유재산 체제를 수호하여 오늘의 번영된 한국을 세우는 데 중요한 기능을 했다.

그래서 좌파가 반공을 냉전 사고라고 아무리 비판해도 좋다. 용공은 인류의 파멸을 가져오는 전체주의를 수용하는 것, 그래서 자유주의의 첫 번째 임무는 반공주의이다. 친북주의자들이 준동하고 있는 현실에서 반공주의는 더욱 더 중요하다.

민주주의를 강조하는 좌파가 자유도 빼고 민주도 빼버린 권위적 전체주의에 해당되는 공산주의와 친북주의를 용납하려는 태도가 이상하다.

원래 민주주의자들은 봉건시대의 전체주의적 폭정을 극복하기 위해 자유주의와 연합했다. 그리고 현대에서 그들은 사회민주주의의 이름으로 구소련이나 동독의 사회주의 체제를 비판했고 그 같은 전체주의를 극복하기 위해 자유주의자들과 연합전선을 폈다.

그러나 자유주의자들과 민주주의자들은 그들이 지향하는 목표에서 서로 갈라졌다. 전자는 개인의 자유를 위해서 민주주의를 제한적으로 이용하려고 했다. 민주주의자들은 분배평등의 실현을 위해서 무제한적으로 민주주의를 이용하려고 한다. 민주주의를 분배평등과 동일시하고 있다.

# 민주주의가 목표인가?

자유민주주의는 '민주주의의 심화된 높은 단계'라는 주장, 자유민주주의는 민주주의와 근본적으로 다르지 않다는 주장, 이 같은 주장은 모두 틀린 주장이다.

흥미로운 것은 자유민주주의의 이상은 민주주의 완성을 위해 개인의 자유를 보호하는 데 있다는 주장이다. 자유민주주의 이상이 개인의 자유를 보호하는 것이라는 점은 옳다. 그러나 민주주의 완성을 위해서 자유를 보호한다는 주장은 틀렸다. 자유민주주의에서 개인의 자유는 그 자체 그 목표이다. 그것은 결코 민주주의 완성을 위한 수단이 될 수 없다.

자유민주주의는 신자유주의를 의미하는 것이 아니라고 주장한다. 그 이유는 신자유주의는 경제적 자유만을 강조하고 민주주의를 무시하기 때문이라고 한다. 그러나 그 주장은 잘못된 주장이며, 시장경제를 배제하려는 전략에서 나온 주장이다. 신자유주의도 다수의 지배를 의미하는 민주주의를 중시한다.

그러나 민주주의자들이 '민주주의의 심화된 높은 단계' '민주주의 완성' 등으로 표현하는 것과 달리 자유주의자들은 민주주의 그 자체를 목적으로 여기는 것이 아니라 수단으로 여긴다. 그래서 목적에 합당하게 그 수단을 제한한다. '제한된 민주주의'라는 개념이 생겨난 것도 이 같은 수단적 가치 때문이다.

민주주의는 매우 중요하다. 피를 흘리면서 싸워 얻을만한 가치가 있다고 믿어도 좋다. 그러나 이제 설명하겠지만 집단적 의사결정 방식으로서 민주주의가 그 자체 선이고 목적이라는 생각은 버려야 한다.

# 5부

# 민주주의의
# 타락과
# 입법 만능주의

2부에서 설명한 바와 같이 정치적 과정은 정치적 희망과 이론 관점 등 인지로 구성된 개인의 정치적 선호를 형성하는 과정에서 서로 배우고 가르치는 과정이다. 그러나 유감스럽게도 현대 민주주의는 그런 정치과정이 오로지 다수를 형성하여 집권, 재집권을 위한 정치적 메커니즘으로 왜곡되거나 타락되었다.

왜 그런 타락이 야기되었고 그 타락의 결과는 무엇인가의 문제는 현대 민주주의를 이해하는 데 매우 중요하다.

# 1장
# 민주주의의 타락

정부는 집권과 재집권을 위해 다른 정당들과 경쟁을 한다. 재집권을 위해서는 정부는 다수의 유권자 그룹들의 지지를 받아야 한다. 이것이 민주주의의 본질이다. 다수의 지지 여부가 정치적 결정의 기준이다.

이론적으로나 역사적 경험으로 봐서 제 아무리 훌륭한 정책이라고 해도 이것이 다수의 지지를 받지 못하면 그런 정책은 의미가 없다. 이런 정치적 과정은 어떤 결과를 초래하는가?

정치적 과정을 통하여 조직화된 이익단체들은 자신들을 위한 편익을 얻으려고 노력한다. 이러한 편익은 다른 이익단체들 또는 유권자 그룹들에게는 언제나 피해의 형태를 갖게 마련이다.

정치가들 또는 정당들은 이익단체들의 요구가 부당하다고 하더라도 이 요구를 거절할 수 없다. 왜냐하면 이들의 지지를 받지 못하면 집권 또는 재집권하기가 어렵기 때문이다.

국회는 어쩔 수 없이 그들의 요구에 응하지 않을 수 없다. 국회가 이들의 요구에 응하는 것은 그 요구가 정의롭기 때문이 아니라, 그들이 정치나 정당의 장래를 위태롭게 하는 데 충분한 정치적 힘을 행사할 수 있기 때문이다. 정치가들도 적극적으로 유권자들의 지지를 받기 위해 대중영합적인 정책을 쏟아낸다.

따라서 하이에크는 이러한 민주주의를 '부패된 민주주의' 또는 '뇌물민주주의'라고 부르고 있다. 정부는 강력한 이익단체들에게 특혜나 특수한 보조금, 또는 차별적인 입법형태를 지불하는 대가로 이들로부터 지지를 얻어낸다.

그들의 요구는 현재의 소득수준을 유지하거나 또는 장래의 보다 높은 소득수준을 확보하는 내용이다. 따라서 그들의 요구는 대부분 독점적 위치를 확립하는 데 그 취지가 있다. 이러한 목적을 위한 이익단체들의 경쟁은 결국 정치적 소득(political income)을 얻기 위한 경쟁이라고 볼 수 있다.

민주주의에서 말하는 다수의 지배에서 다수란 결코 내용적 다수가 아니라 형식적인 다수(숫자상의 다수)일 뿐이다. 다수의 지지란 진정한 합의에서 나온 것이 아니라 투표거래 또는 정치적 결탁의 결과일 뿐이다. 다양한 방식으로 다수를 매수한 결과이다.

이런 거래와 결탁은 필연적으로 다른 그룹들을 희생시킨다. 희생당하는 그룹은 소비자들, 납세자들과 같이 이익집단을 형성하지 못한 그룹이다. 왜 민주주의가 타락하게 되었는가의 흥미로운 문제는 뒤에 가서 상세히 설명하고 우선 오늘날 국민을 대표하여 법을 제정하는 국회의 입법행위의 특징을 설명하고자 한다.

유감스럽게도 오늘날 국민을 대표하여 법을 제정하는 국회는 '입법 만능주의'에 빠져있다. 이는 다수의 합의만 있으면 내용이 무엇이든 법이 된다는 법 의식이다. 그 결과는 법의 남발이다. 매년 수천 건의 법이 찍어 나오기에 가히 '입법의 홍수'라는 말이 적합할 정도로 법을 대량 생산한다. 국회가 찍어내는 입법의 특징이 우려스럽다.

가격규제, 운임 요금 규제, 특정 산업이나 직업 특정 기업군을 우대하거나 차별하는 '편들기·차별입법'이 대부분이다. 편 가르기 입법이 성행한다. 내용도 불확실하고 논리도 없고 처벌규정도 없는 등법 형식도 갖추지 못한 '쓰레기 입법'도 있다. 이익단체들의 요구, 정부부처의 로비를 받아 관료와 이익단체의 입맛에 맞는 법을 만드는 '청부입법'도 많다.

특정한 기업을 염두에 둔 '표적입법', 자기가 발의한 법인 줄도 모르고 반대표 또는 찬성표를 던질 만큼 성의 없는 입법도 있다. 내용도 검토하지 않고 남의 나라 법을 베끼는 표절입법도 성행한다.

그런 모든 입법은 개인의 자유와 재산을 짓밟고 그래서 경제활동을 가로막고 번영을 방해한다. 오늘날 실업과 저성장의 탓도 그런 입법의 결과라는 것을 직시할 필요가 있다.

정치적 경쟁은 다양한 정책을 쏟아낸다. 민주정치의 시계(視界)가 단기적이다. 단기적으로는 어렵지만 장기에는 지속적인 편익을 주는 정책보다는 장기에는 해롭다고 해도 단기에 편익을 주는 정책이 만연하는 게 정치과정의 산물이다.

분배정책은 가난한 사람의 소득을 단기적으로 증가시킨다. 장기에서는 피해가 가지만 그럼에도 재분배정책을 제공하는 게 정치적으로 승리할 수 있다. 단기적으로 소득의 상승을 가져오지만 장기적으로는 인플레이션으로 모두에게 피해를 줌에도 통화증가라는 단기정책을 선호한다.

조세삭감을 약속하기보다는 정부지출 증대를 약속하는 정당이나 정치가가 승리할 수 있다. 조세삭감은 모든 납세자에게 골고루 이득이 되지만 정부지출은 지지가 확실한 유권자 그룹에게 선별적으로 혜택을 준다. 그래서 정부지출 정책이 선거에서 승리할 수 있다.

정치적 경쟁은 부채의 증가를 부른다는 것도 흥미롭다.

조세증대를 통한 정부의 지출증대보다는 부채증대를 통한 지출증대가 지지표를 얻기가 확실하기 때문에 민주정치에서 부채증가는 필연적이다.

흥미로운 것은 그 같은 정치과정에서 계획경제, 평등분배, 복지국가, 경제민주화 같은 왜곡된 민주주의를 옹호하는 정치가들이 선출된다는 점이다. 그런 이념의 정책들은 편 가르기 차별 입법, 정부지출과 부채증가를 초래한다. 스웨덴, 독일의 사회민주주의 실현이 입증한다.

따라서 왜곡된 민주주의 개념이 생겨나는 이유는 무제한적 민주주의 때문이다. 다시 말하면 의회에게 무제한의 입법권을 허용한 탓이다.

# 2장
# 입법만능주의와 경제침체

입법부에 무제한의 입법권을 부여하는 무제한적 민주주의는 우리에게 무엇을 남겼나? 많은 학자들이 지적하듯이 정부지출 증대, 부채의 증가이다. 그래서 현대는 뷰캐넌이 말하듯이 적자 속의 민주주의이다. 민주주의는 정부규제의 확대를 통해서도 사적 영역을 침범하여 자유의 제한을 초래했다. 모든 사람들에게 이익이 되는 보편적 입법 대신에 차별적 입법이 지배한다. 빈곤의 문제를 해결하는 것이 아니라 오히려 이를 심화시켰다.

그래서 많은 사람들은 피를 흘리면서 싸워 쟁취한 민주주의에 대하여 크게 실망한다. 시장경제의 고유한 성격은 자정 능력인데 민주주의는 자정 능력이 없다. 이런 능력이 없는 정치과정 때문에 시장경제가 교란되고 있다.

그 결과는 한국 경제의 만성적인 불안이다 김영삼 정부 5년 평균 성장률은 7.4%(1993~1997)였다가 김대중 정부 시기(1998~2002)에는 5.1%를 기록했다. 안타깝게도 성장률은 계속해서 줄어들어 노무현 정부 시기(2003~2007)는 연평균 4.3%였다가 2013년까지 이명박 정부에서는 겨우 3.2%를 기록했다.

박근혜 정부 아래에서도 성장은 점차 줄어들고 있다. 그래서 정부 지출을 늘리고 중앙은행의 금리도 내려 유동성을 늘리고 있다. 이런 정책은 단기적으로는 경기를 부양할 수 있지만 그러나 장기적으로 오히려 경제를 더 어렵게 만들 소지가 크다. 확실한 정책은 규제개혁이다.

# 3장
# 무제한 입법권과 법치의 유린

왜 민주주의에서 이 같은 실패가 생겨나는가? 정치가나 관료, 유권자가 나쁘기 때문인가? 그들의 행동을 비판하는 것은 별로 효과가 없다.

우리가 물어야 할 것은 정치적 과정을 안내하고 조종하는 제도를 보아야 한다는 것이다. 왜냐하면 인간은 제도의 틀 내에서 행동하기 마련이기 때문이다. 제도는 인간들의 사회적 행동을 안내하고 제한하는 역할을 한다.

민주주의 국가에서 정부지출과 정부부채가 증가하고 포퓰리즘 정책이 난무하는 것은 의회의 입법결정을 제한하는 제도적 장치가 없기 때문이다. 입법부의 입권을 제한하는 장치가 없기 때문에 이익단체들도 내용, 규모와 종류에 있어서 무제한적으로 요구한다.

정치가나 정당의 운명이 그룹들의 지지에 달려 있고, 또한 정치권의 입법에 어떤 제한도 없기 때문에 다수가 원하는 것이면 무엇이든 법이라는 이름으로 찍어낸다. 정치권도 적극적으로 나서서 표를 얻기 위해 선심성 입법, 보조금제도 같은 정책을 쏟아낸다.

따라서 무제한적 민주주의에서 집권 또는 재집권에 성공한 정치가라고 해도 어떠한 도덕적인 의미를 부여하기가 대단히 어렵다. 이런 국회(정부)는 법 아래에 있는 국회(정부)가 아니라 법이 없는 국회(정부)이다.

법이 없는 국회(정부)가 법 아래에 있는 국회(정부)와 다른 점은 법 없는 국회(정부)는 다수를 구성하는 데 필요하기만 하면 어떤 법이든 만들어서 특정의 그룹들을 지원할 수 있다는 점이다.

이런 지원체제 아래에서는 다른 한편 특정의 그룹들도 법 없는 민주정부에게 무엇이든 요구할 수 있다. 그들의 요구를 억제할 어떠한 메커니즘도 존재하지 않기 때문이다.

역사는 의회의 자율권이라는 명분으로 의회에게 어떤 제한도 없이 무제한으로 입법권을 부여했다. 절대왕정에서 민의 정치로 바꾸기만 하면 자동적으로 개인의 자유와 재산을 보호할 수 있을 것으로 믿었다.

의회 구성원들은 양심에 따라 보편적 이해관계와 가치를 실현하는 정책과 법을 정할 것으로 여겼다. 의회의 권력을 제한하면 그 구성원들이 양심에 따라 모든 사람들에게 이익이 되는 법과 정책을 정할 수 없었고, 그래서 의회의 자율을 최고의 가치로 여겼다.

그러나 이런 믿음은 구성주의적 합리주의 전통에서 나왔다. 그 믿음의 뿌리는 사회주의이다. 그러나 그런 믿음은 틀렸다. 의회 구성원들은 자신들의 재량적 범위를 그들의 주인인 시민들의 이익을 위해서 활용하는 게 아니라 권력욕, 명예욕 등 자신들의 개인적인 욕구를 충족하기 위한 수단으로 여긴다.

더구나 다수는 자신의 뜻을 실현할 수 있는 무한한 지적 능력이 있다는 전제를 깔고 있는 게 그런 믿음이다. 이는 치명적인 자만이라는 게 드러났다.

따라서 첩첩이 쌓인 규제, 각종 보조금 지급을 위한 방만한 정부 지출, 정부 부채의 증가 등은 도덕적 자만과 지적 자만을 전제한 제한 없는 민주주의 탓이라는 점을 주목해야 한다. 유럽의 대부분의 나라에서는 의회의 입법을 제한하는 장치가 없기 때문에 의회와 정부는 평등분배를 위한 입법을 막을 수 없었다.

그 결과로 유럽에서 1970년대 이후 무제한적 민주주의 탓으로 복지와 재분배 평등을 중시하는 사회민주주의가 탄생되었다. 1920년대 경제민주화, 1930년대 히틀러의 민족사회주의, 미국의 뉴딜정책, 그리고 1970년대 케인스주의가 지배한 것도 무제한적 민주주의 탓이었다.

유감스럽게도 법이라고 말할 수도 없는 법을 거침없이 찍어내도 이를 막을 장치가 없는 게 현대 민주주의의 치명적 결함이다. 의회가 정하기만 하면, 그것이 무엇이든 법으로 간주하고 국가의 강제권을 발동하여 집행한다. 적자예산이나 부채문제에서도 정부와 의회의 재량에 맡겨버렸다. 무상복지를 막을 제도적 장치가 없다. 징벌적인 과세를 비롯한 노무현 정부의 인기 영합적 정책도 막지 못했다.

오늘날 복지 포퓰리즘이 유행하고 있다. 이는 정부가 할 것 안 할 것 가리지 않고 모두 집단적 의사결정에 맡겨버린 '민주주의 과잉'의 필연적 결과이다. 민주주의를 제한하지 않으면 집단적 의사결정을 위한 공공영역의 확대를 불러오고 정부지출 증가, 부채 증가, 적자 예산, 첩첩 규제를 야기하는 것, 개인의 자유와 재산을 침해하는 현상들이 생긴다. 제한 없는 민주주의의 필연적 결과이다. 민주주의를 막을 제도적 장치가 없다는 이유에서 제도적 실패라고 부른다.

# 6부

# 입법권의 제한을
# 통한 자유와
# 민주의 조화

제한 없는 민주입법은 진보·복지와 같은 민주주의를 낳았다. 그런 입법은 차별입법, 편들기 등 자유를 침해하는 입법이다. 그런 민주주의는 자유주의와 정면으로 충돌한다.

민주주의가 자유주의와 양립하기 위한, 다시 말하면 입법만능주의를 제한하여 자유와 민주가 조합하기 위한 제도적 장치는 무엇인가?

# 1장
# 헌법의 두 가지 기능

시장질서의 기초가 되는 법질서가 잘못되면 애덤 스미스의 "보이지 않는 손"이 작동할 수 없다. 정치질서도 마찬가지이다. 정치질서의 기초가 되는 제도가 잘못되면 정치적 의사결정의 결과가 나쁘다. 다시 말하면 정치질서에서 "보이지 않는 손"이 작동할 수 없다.

정치적 집단결정, 즉 정치질서의 기초가 되는 제도는 헌법이다. 그런데 헌법은 두 가지 기능이 있다. 하나는 대통령제 의회구성방법, 표결방법 등과 같이 권력구조를 조직하는 기능이다.

다른 하나는 국가권력을 제한하는 기능이다. 이것이 경제에 대한 국가의 간섭을 막아서 시민들의 자유와 재산을 보호하는 기능이다.

다시 말하면 국민을 대표하여 법을 만드는 입법부를 구성하는 방법으로서 지역 대표제, 비례대표제, 표결방법, 각 부문별 상임위원회 등 권력구조에 관한 헌법적 장치는 잘 구비되어 있다. 그러나 입법을 제한하는 장치가 부족하다. 국회의 다수가 정한 것이면 모두 법으로 인정되고 있다.

그런데 헌법이 권력구조에만 치중하고 국가권력을 제한하는 헌법적 장치를 간과하는 경우 포퓰리즘 현상이 빈발한다. 국가권력이 민주적이든 비민주적이든 그것은 헌법을 통해서 제한하는 것이 중요하다. 그래서 생겨난 개념이 "헌법이 중요하다."는 것을 말하는 헌법주의(constitutionalism)이다.

권력구조에만 치중하는 것은 헌법주의에 어긋난다. 그래서 의회의 입법권을 제한하는 게 옳은 방향이다. 민주주의는 그 자체 목적일 수 없다. 그것은 수단적 성격을 가진 정치적 이념일 뿐이다. 우리 손으로 정부를 선출하면 만사가 해결될 것이라는 87년 체제의 어리석음을 극복해야 할 때라고 본다.

# 2장
# 헌법을 통한 입법권의 제한

의회제도를 보면 민주주의에 치명적 결함이 있음을 쉽게 알 수 있다. 입법자율 의회구성·선거·표결과 관련된 '권력구조'는 헌법적으로 깔끔하게 구비되어 있다.

그러나 중요한 건 그게 아니라 자유와 재산권을 침해하는 입법권의 남·오용을 견제하도록 '권력을 제한하는 것'인데 애석하게도 그런 제한을 위한 정치제도가 매우 미흡한 게 민주주의다.

민주주의의 그런 결함의 중심에는 프랑스의 철학자 루소 전통의 '프랑스 계몽주의'가 있다. 주지하다시피 그 전통은 '왕의 정치'를 '민의 정치'로 바꾸기만 하면 자유와 번영이 저절로 보장된다는 순박한 믿음에서 입법권에 대한 모든 견제장치를 제거해 버리는 우(愚)를 범했다.

그런 잘못된 정치제도를 그대로 두고 통치자·국회를 바꾼다고 해서 정치실패가 치유되는 게 결코 아니다. 정부부채, 정부규제를 제한 없이 허용하는 정치제도에서는 어떤 정부가 들어선다 해도 그들이 늘어나기 마련이다. 민주주의는 자정능력이 전혀 없다는 걸 직시할 필요가 있다.

따라서 강조할 것은 정치권에게 적합한 경제정책을 제안하기보다 민주정치 실패를 치유하고 개선할 정치제도를 개발하는 데 몰입하는 게 중요하다는 점이다.

애덤 스미스 전통의 '스코틀랜드 계몽주의'가 지적하듯, 필요한 건 입법·조세·예산 등의 권력을 제한하는 정치제도의 도입이지 분권형 대통령 중임제 등 권력구조의 재편이 아니다.

# 3장
# 자유와 민주의 조화

자유와 민주가 조화롭게 만날 수 있기 위해서는 민주주의는 제한되어야 한다. 법적 평등을 통하여 권력의 남용으로부터 시민을 보호하는 것을 강조하는 몽테스키외의 사상에 주목할 필요가 있다.

오늘날의 민주주의는 일반의지, 또는 인민주권을 강조하는 루소의 사상을 반영한 것이다. 전자는 피지배자에 의한 정부 행동의 통제원칙이고, 후자는 지배자는 국민으로부터 권력을 받아 통치한다는 국민주권의 원칙이다.

국민주권 원칙이 정부통제 원칙을 우선한다면 자유주의는 끝이난다. 그래서 국민주권의 원칙 대신에 정부의 권력남용에 대한 통제원칙을 중시해야 한다. 통제원칙의 중시야말로 프랑스 자유주의의 두 거성(巨星)인 콩스탕트와 토크빌이 말하는 자유주의의 핵심이다.

헌법적으로 제한된 권력만이 시장경제의 기초가 되는 자유를 보장하는 반면에 제한이 없는 국가권력은 국가간섭의 증가를 야기하고 결국 민주주의와 시민의 권리를 박해하고 경제적 번영을 위태롭게 한다. 국가권력을 제한하는 것이 중요하다는 것을 의미하는 "헌법주의"가 그래서 생겨난 것이다.

국가권력의 제한은 무엇보다도 다수에 의한 집단적인 의사결정 영역을 제한해야 한다는 것을 의미한다. 국가의 제한된 영역은 세 가지로 나눌 수 있다.

첫째, 자유로이 경제활동을 할 수 있도록 보편적인 법을 정하는 일 또는 경제활동을 방해하는 각종 규제를 해제하여 민간영역의 자유를 확장하는 일이다. 개인의 자유와 재산을 보호하기 위한 국가기능이고 이는 국가의 독점적인 강제기능이다. 따라서 법치주의가 적용될 중요한 부문이다.

법치를 위반하는 국가개입은 있어서는 안 된다. 예를 들면 서비스와 상품의 공급에 대한 규제가 치명적 위반이다. 직업, 판매조건, 생산량 등에 대한 정부의 간섭은 배제된다. 왜냐하면 자의적 차별이 이루어질 수밖에 없고, 국가의 집단적 목적을 위해 사법주체를 수단으로 만들기 때문이다.

그런 간섭은 시장의 자생적 질서를 조직으로, 사법사회를 공법사회로 전환하는 결과를 초래한다. 그 결과는 시장의 원활한 작동을 방해하여 분배 불평등의 심화, 실업과 저성장 등을 야기한다.

정부가 분배정의를 실현하고자 하면 특정한 사람들의 경제적 위치를 정부가 지정하게 되고, 그로써 개인들의 노력 방향도 결정하게 되므로 허용되지 않는다. 정부가 원하는 방향으로 개인들의 행동을 유도하기 위한 인센티브도 법치를 위반하는 치명적 제도이다. 사회주의나 복지국가 경향은 이러한 법치원리에 역행한다.

둘째, 도량형 기준 확립, 등기나 통계 등에 의한 정보 제공, 교육에 대한 일부 지원은 국가의 서비스 기능에 속한다. 누구에게나 필요한 사실에 관한 지식 습득을 촉진하기 위한 정부기능이다. 항만과 공공보건, 도로 건설 및 전염병 방지와 같은 위생 서비스, 공원 등 공공편의시설 등은 공공재화적 성격이 강하다. 그래서 수익자들에게 대가를 청구하기 곤란하여 경쟁적 기업이 제공할 수 없다. 이러한 서비스 제공도 정부의 바람직한 활동이다. 그러나 이런 영역에서 정부가 독점권을 주장할 수는 없다.

이 같은 과제는 보통·비밀 선거를 통해서 선출된 정부나 의회가 수행한다. 민주주의를 이 같은 과제에 제한할 경우 그 민주주의는 무제한적 민주주의가 아니라 제한적 민주주의(limited democracy)이다.

이 민주주의가 자유주의와 부합할 수 있다. 입법부의 입법을 제한하는 제한된 민주주의를 가진 자유사회가 '자유민주주의'이다.

시장진입의 인허가, 재정·금융 특혜, 차별입법 등을 막아낼 유서 깊은 법치의 도입은 물론이요, 예산관련 정책 결정과정을 견제할 적자예산 제한 규칙 등이 자유와 재산을 보호하기 위한 매우 중요한 정치제도이다.

그런 '권력제한'을 목표로 하는 정치제도의 개혁을 통해서 민주정치를 개선할 경우에만 그것이 '수의 정치'를 극복하고 평화적 정권교체를 넘어서 정치적 여론을 형성하는 건전한 무대가 될 수 있다.

그런 정치적 장에서만이 시장경제를 해치는 정책은 도태되고 좋은 정책의 정치적 선택이 보장된다. 그래서 자유와 번영은 민주주의 개선을 통해서만이 가능하다는 걸 직시해야 한다.

법치에 해당되는 법을 찾고 보편적 이익이 되는 공공재를 생산하는데 우리는 진화론적 합리주의와 동일한 의미를 가진 소통합리성을 정치에 적용한 심의정치를 마다할 필요가 없다. 우리가 반대하는 것은 심의정치의 무제한적 이용이다.

# 7부

# 맺는 말:
# 개헌이
# 필요한 이유

민주주의는 보호해야 할 중요한 가치이다. 중요한 가치이기 때문에 피를 흘려서까지 얻은 것이다. 그러나 오늘날과 같은 입법독재를 초래하는 '무제한적인 민주주의'는 민주주의를 왜곡하고 타락시킨다.

의회는 지적 그리고 도덕적 자만에 빠진 나머지 온갖 특수 이익을 실현해 달라는 각종 그룹의 요구에 시달리는 한편, 감당할 수 없이 그 모든 이익을 대변하겠다고 자임하고 있다. 그 결과로 등장한 게 복지민주주의, 사회민주주의, 경제민주주의 등 무제한적 민주주의이다.

다수의 뜻이라면 그게 무엇이든 법이 될 수 있다고 주장하는 무제한 민주주의, 어떠한 특수 이익이라도 대변하겠다고 나선 편들기,

차별하기 등의 무제한 입법은 자유로운 사회의 필수 조건인 법치주의를 망치고 있다. 의회의 권력을 제한하는 헌법적 장치가 없기 때문이다.

그래서 의회의 권력을 제한하는 내용을 가진 헌법 개정이 필요하다. 한국 헌법은 입법부에게 무제한적 입법권을 허용한 헌법이다. 1987년 9차 개정된 현행헌법은 민주헌법이지 자유헌법이 아니다. 입법권을 제한하는 장치가 없기 때문이다. 의회의 다수가 찬성하면 그게 무엇이든 법으로 인정되고 있다. 의원입법을 심사할 제도적 장치도 없다. 대통령이 국회를 해산할 권한도 없다.

국회권력, 입법권력, 정치권력을 제한할 장치는 "자유와 재산을 보호하는 법은 보편적이고 추상적인 성격을 가지고 있어야 한다."는 법의 지배 원칙을 천명하고 통화준칙 정부지출과 적자예산의 한계를 설정한 헌법 규칙이다. 그런 헌법규칙을 도입하는 헌법 개정이 필요하다.

## 자유민주주의란 무엇인가?

| 펴낸날 | 초판 1쇄  2015년   1월 10일 |
| --- | --- |
|  | 초판 3쇄  2018년 12월 13일 |

| 지은이 | 민경국 |
| --- | --- |
| 펴낸이 | 김광숙 |
| 펴낸곳 | 백년동안 |
| 출판등록 | 2014년 3월 25일 제406-2014-000031호 |

| 주소 | 경기도 파주시 광인사길 30 |
| --- | --- |
| 전화 | 031-941-8988 |
| 팩스 | 070-8884-8988 |
| 이메일 | on100years@gmail.com |

| ISBN | 979-11-86061-11-4   04300 |
| --- | --- |

이 도서의 국립중앙도서관 출판시도서목록(CIP)은 서지정보유통지원시스템 홈페이지
(http://seoji.nl.go.kr)와 국가자료공동목록시스템(http://www.nl.go.kr/kolisnet)에서
이용하실 수 있습니다.(CIP제어번호: CIP2014037431)